La crítica ha dicho sobre este libro:

«Los consejos sencillos y sinceros que aparecen en este libro tienen un punto de humor que hace que resulte de lo más refrescante. Es perfecto para cualquier mamá o papá que se sienta aturdido al enfrentarse por primera vez a la paternidad.»

Pregnancy

«Esta guía nos enseña en clave de humor y paso a paso todo aquello que el bebé necesita en su primer año de vida. La biblia de los padres primerizos.»

Angels and Urchins

«Un libro práctico que puede tranquilizar y ayudar tanto al padre como a la madre.»

Early Times

«Un gran libro para quienes no sepan nada del comportamiento de los bebés, una gran ayuda para superar el miedo a lo desconocido.»

Pregnancy & Birth

«¿Vas a ser padre o madre por primera vez y no tienes ni idea de lo que te espera? Entonces este libro ha sido escrito para ti.»

Baby & You

Bebés para principiantes

Manual de instrucciones
para padres atribulados

Grupo ROBIN BOOK

Barcelona - México
Buenos Aires

Bebés para principiantes

Manual de instrucciones
para padres atribulados

Roni Jay

Traducción de Anna Riera

b e b é

**ROBIN
BOOK**

nuevos padres

Título original: *Babies for Beginners*

© 2006, Roni Jay
First published by White Ladder Press Ltd., represented by Cathy Miller
Foreign rights Agency, London, England

© 2008, Ediciones Robinbook, s. l., Barcelona

Diseño de cubierta: Regina Richling
Ilustraciones de interior: Lluïsa Guedea
Diseño interior y compaginación: Paco Murcia
ISBAN: 978-84-7927-916-5
Depósito legal: B-399-2008

Impreso por Limpergraf, Mogoda, 29-31 (Can Salvatella), 08210 Barberà del Vallès

Impreso en España - *Printed in Spain*

Sumario

Agradecimientos

Quisiera dar las gracias a Rich, porque me enseñó todo lo necesario cuando nació nuestro primer hijo (y por hacer él la mitad de las cosas). Asimismo me gustaría expresar mi más profunda gratitud a Jack, Ned y Hal, las personas gracias a las que pude practicarlo todo —especialmente lo de pasarme toda la noche despierta, algo que llegué a dominar bastante bien (aunque jamás acabó de entusiasmarme).

También me gustaría dar las gracias a Sally Roberts y Carolyn Westwood, por revisar minuciosamente el original con sus ojos profesionales, y a Michelle y Andrew Bracher.

Descargo

La doctora Sally Roberts, médica de cabecera, y Carolyn Westwood, comadrona y auxiliar sanitaria en asistencia domiciliaria, ambas madres además, han leído, revisado y aprobado esta obra.

Sin embargo, ni el editor, ni la autora, ni las anteriormente citadas, aceptan responsabilidad alguna respecto al material que aparece en el libro. Esta obra pretende aconsejar y ayudar, no ser un manual de instrucciones médicas.

Damos por sentado que tu bebé es normal y está sano; si padece alguna enfermedad o incapacidad puede precisar cuidados específicos que anulen todo lo que aparece en este libro.

Me gustaría añadir asimismo que en el caso de los bebés nada está garantizado. Siempre hay alguno que no duerme mejor a pesar de tomar leche artificial, o que odia que le acunen. La información recogida en el libro sirve para la mayoría de bebés pero no puedo prometerte que el tuyo encaje en todo.

Si te preocupa algo acerca de tu bebé debes acudir al pediatra, médico o comadrona. O a tu propia madre, por supuesto, que sin duda tendrá miles de sugerencias útiles.

Introducción

A lo largo de nuestra vida debemos afrontar muchas tareas que al principio nos parecen abrumadoras, pero que en tan sólo unas cuantas semanas o meses conseguimos dominar y hacer con seguridad: nuestro primer trabajo, conducir un coche, programar el reloj del video, aprender a nadar, calcular divisiones largas (está bien, de acuerdo, nunca llegas a dominar del todo estas últimas). De entre todas las actividades que enseguida hacemos sin pensar, sin embargo, la de ser padre es sin duda la que más abrumadora resulta al principio.

Las consecuencias de nuestro posible fracaso nos parecen increíblemente espantosas. De repente eres responsable de esa cosita diminuta, frágil e infinitamente valiosa, y no te sientes preparado para realizar dicha tarea. ¿Quién dijo que eras capaz de hacerte cargo?

De hecho, todos nos sentimos igual con nuestro primer hijo, pero esa inseguridad nos dura tan sólo unas semanas. Más adelante podemos volver a tener dudas con algún tema nuevo importante, como la introducción de los alimentos sólidos o la dentición, pero por regla general la etapa de principiante dura tan sólo uno o dos meses.

Este libro pretende ayudarte a salir adelante durante esas primeras semanas, y responder a todas esas preguntas que todavía no sabes que vas a formularte. Hay algunos libros en los que se explica, por ejemplo, lo que son los «gases» y cómo hacer eructar al niño; pero, como padre principiante lo primero que vas a preguntarte sobre el tema será: «¿Cómo sabré que necesita eructar?».

Este modesto volumen es la Biblia de los principiantes. Si algo no aparece en el libro es que no es imprescindible. No me he ocupado de los aspectos secundarios, de los utensilios con filigranas, de la guinda que corona la tarta del que es padre por primera vez. Guarda eso para el siguiente hijo. La primera vez debes centrarte en ganar seguridad y no dejar que todo lo que podrías estar haciendo y no haces la socave.

Porque lo cierto es que la mayoría de esas cosas son innecesarias. Tres cuartas partes de los utensilios que hay en las tiendas de bebés no son indispensables. Pueden hacer que tu vida resulte más cómoda —y no dudes en comprarlas si puedes permitírtelo— pero no van a hacer que seas mejor padre o madre. Si el bebé está calentito, cómodo, bien alimentado y puede dormir cuando lo necesita, estás haciendo un buen trabajo. Guarda todo lo demás para cuando domines estos aspectos básicos.

Me frustra mucho ver lo inseguros que se muestran los padres primerizos acerca de sus capacidades, cuando en realidad no hay duda de que están haciendo un buen trabajo. Cuidar de un recién nacido no es tan duro como la industria moderna que gira entorno al bebé, y todos esos bienintencionados amigos y familiares, pretenden hacernos creer. La gente lleva haciéndolo con éxito desde hace miles de años. Así pues, mientras tu bebé esté feliz y sano, y no se te esté cayendo todo el rato, no hagas ni caso a los que te digan que no lo estás haciendo bien.

El truco para dominar la paternidad reside en gran medida en tener bien presente qué es lo realmente importante. En el libro especifico el *objetivo principal* y el *aspecto clave* de cada actividad. Así por ejemplo, si estás bañando al bebé el *objetivo principal* es conseguir que el bebé salga de la bañera más limpio de lo que ha entrado, pero el *aspecto clave* es no ahogarlo. Si el bebé sale del baño sin haberse ahogado, eres un buen padre. Si además está más limpio que al empezar —aunque sólo sea un poco— ganas puntos adicionales.

En esta etapa para ser un buen padre basta con centrarse en los aspectos esenciales, es decir, no dejar caer, ahogar, congelar o matar de hambre al bebé. Así pues, no pierdas la calma. Poco a poco irás consiguiendo el resto y antes de que te des cuenta habrás dejado de ser un principiante y te habrás convertido en todo un experto.

En el libro, para describir a tu bebé utilizo la palabra «él». Existen varias razones:

- ✔ No sé si tu bebé es un niño o una niña.
- ✔ Si lees el libro antes de que nazca (algo que te aconsejo) es probable que tampoco lo sepas tú.
- ✔ Antes de nacer, y durante las primeras semanas, el bebé parece más un objeto que una persona. Sobre todo para los papás más que para las mamás. Y encima viene sin el libro de instrucciones y deberás arreglártelas para descubrir cómo manejarlo. La etapa de principiante dura desde la aparición del «objeto» hasta que sientes realmente que es tu hijo y que tiene su propia personalidad. Cuando alcanzas dicho punto dejas de ser un principiante.

Espero que este libro te enseñe todo lo necesario para conseguir que tu bebé esté feliz y sano durante las primeras semanas y más adelante, pero que además te aporte la confianza necesaria para poder disfrutar de la experiencia, y para enviar a la porra a cualquiera que te critique.

1. El nacimiento del bebé

Para que puedas ser padre/madre el bebé tiene que salir. De hecho, incluso si no *deseas* serlo acabará saliendo antes o después. Durante el embarazo se da mucha importancia al momento de la expulsión del bebé, un proceso relativamente breve.

> Objetivo principal: **expulsar al bebé**
> Aspecto clave: **estar todo lo relajada que puedas**

A las madres (y por supuesto a los padres) les preocupa el parto y el nacimiento, algo bastante comprensible. Es así con cualquier bebé, pero muy especialmente cuando se trata del primer hijo. No tienes ni idea de lo que te espera. Y lo que es peor, son muchas las personas dispuestas a contarte historias terroríficas sobre su parto, o sobre las cosas terribles que ocurrieron durante el parto de la novia del mejor amigo del marido de tu hermana. Como es natural estás nerviosa. Pero eso no significa que no vaya a salir todo bien. Seguramente será mucho menos malo de lo que te imaginas.

Falso mito
El parto es siempre largo y terriblemente doloroso

Es verdad que, por desgracia, a veces es así. Pero muchos partos son relativamente cortos y, aunque nunca he oído hablar de un parto sin nada de dolor (a menos que se use anestesia), muchas madres afirman que el dolor es perfectamente soportable.

Trata de ser objetiva

No creas a pies juntillas lo que te cuenten los demás. Su parto puede haber sido horrible, pero el de mucha otra gente no lo es. Ten presente además que la historia funciona mejor si consiguen que suene realmente sangrienta y desagradable de modo que, aunque no te estén propiamente mintiendo, es muy posible que la estén adornando para impresionar. Piensa en todas las personas que conoces que no te han hablado de sus terribles partos; seguro que es porque no tuvieron un parto terrible.

Muchas comadronas aseguran que pueden predecir con bastante precisión cómo irá el parto en cuanto la madre llega a la sala de partos. Si la madre está aterrorizada y pide que le preparen la anestesia más fuerte que exista de inmediato, saben que el parto irá mal. Si por el contrario la madre aparece con una sonrisa y dispuesta a vivir la aventura —aunque un poco inquieta— el parto suele ser casi siempre fácil (salvo en el caso de unas pocas que tienen verdadera mala suerte).

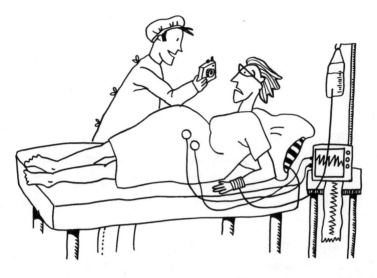

Lo importante es concentrarse en el hecho de que el objetivo final es expulsar al bebé y que venga sano. Todos conocemos algún caso de niños que nacen enfermos, pero piensa en todos los casos que conoces de padres que —con todo y sus problemas— han tenido hijos perfectamente sanos. Probablemente sabes de uno o dos partos que acabaron realmente mal mientras que sabes de cientos de casos que al final lograron su objetivo: una mamá y un bebé sanos.

El proceso (para la madre)

No existe ninguna guía médica acerca del parto, tan sólo algunas pistas que pueden ayudarte. Lo más importante a tener en cuenta es que el bebé saldrá incluso si tú no haces nada, y que no podrás evitarlo. De modo que cualquier cosa que hagas para facilitar el proceso o ayudarte a ti misma será positiva. No puedes dar a luz mal.

Debería añadir que estas directrices son válidas siempre que no haya ninguna complicación significativa, es decir en la mayoría de los alumbramientos. Si surge alguna complicación debes seguir los consejos de los profesionales que estén a tu lado.

1 **Reconoce que estás de parto.** Antes de que empiecen las contracciones es posible que rompas aguas y también que no las rompas; de hecho puedes no romper aguas hasta que el bebé empiece a asomar la cabecita (aunque es poco habitual). Empiece como empiece, estar de parto es un poco como estar enamorada: cuando ocurra lo sabrás. Si no lo tienes claro, es posible que se trate de la primera fase; hasta que no estés segura no hace falta que hagas nada.

2 **Ve donde quieras estar.** Al hospital, a casa, allí donde hayas planeado tener al bebé. Localiza a tu marido o a la persona que vaya a acompañarte durante el parto, coge la maleta del hospital y dirígete al lugar donde quieres que nazca el bebé. A menos que las contracciones se produzcan cada tres minutos no tienes por qué ponerte nerviosa. Intenta estar todo lo relajada que puedas. Si estás fuera de casa y no puedes ir a por la maleta del hospital, olvídate de ella. En ella no hay nada indispensable de modo que ya irá otro a por ella más tarde.

3 **Recuerda todo lo que has aprendido sobre los ejercicios de respiración y otras cosas.** Empieza a practicar ahora, antes de que las contracciones sean más fuertes y seguidas, y así te resultará más fácil recordarlo más adelante.

4 **Haz lo que te apetezca.** ¡Caray! Incluso puedes insultar a personas que no conoces de nada y tratan de ayudarte.

Nunca vas a tener una oportunidad mejor para mostrarte egoísta, de modo que aprovéchala. Si te apetece pasear, pasea. Si quieres sentarte en una silla de ruedas y empezar a dar vueltas como una loca, pide una silla de ruedas. Es tu parto, así que hazlo a tu manera.

5 **La anestesia es cosa tuya.** En mi primer parto, una comadrona me dijo que no podía estar de parto porque no pedía anestesia (di a luz al cabo de tres horas). Puedes querer que te anestesien al principio, al final o que no te anestesien. No dejes que nadie decida por ti el dolor que puedes o no soportar.

6 **Avisa a la comadrona cuando tengas ganas de empujar.** Sabrás cuándo ha llegado el momento de empujar, créeme. Es un impulso prácticamente incontrolable. En cuanto le digas que has llegado a ese punto, la comadrona te indicará lo que debes hacer.

7 **Concéntrate en el producto final.** Si el dolor —o incluso simplemente la frecuencia con la que ocurre— se vuelve muy intenso hacia el final, repítete una y otra vez que en unos minutos podrás ver al bebé cara a cara por primera vez. Cuando estés cerca del alumbramiento, piensa únicamente en el bebé y haz todo lo que te diga la comadrona. Con o sin dolor, esta fase resulta también muy excitante y eso te ayudará a superarla.

8 **Alumbra.** Esta parte es fácil. Ocurre de forma bastante rápida, y te guste o no. Y en cuanto alumbras el dolor desaparece. Es cierto, sigues sintiendo molestias, pero muchísimo menores, y te aseguro que se agradece. Y lo que es más importante, por fin puedes conocer al bebé.

¿Qué tipo de dolor vas a sentir?

Para expulsar al bebé son necesarias un número determinado de contracciones. Eso significa que si el parto es muy largo, la mayor parte del tiempo las contracciones no serán muy frecuentes. Después de estar toda la noche sin dormir, lo peor va a ser el agotamiento. Si por el contrario las contracciones son frecuentes, el proceso resulta más duro, pero lo normal es que no dure demasiado. Lo más probable es que si las contracciones ocurren cada pocos minutos el parto dure sólo unas horas. De modo que tu parto puede ser largo y agotador, o muy duro. Pero —aunque no hay nada garantizado— es muy raro que sea ambas cosas a la vez.

Sea cual sea su duración, intentaré que te hagas una idea de lo que puedes esperar en cuanto al dolor. Es imposible describir el dolor de un modo preciso, y no todas las mujeres sienten el mismo tipo de dolor durante el parto. Pero he aquí la mejor descripción que soy capaz de darte.

✔ Las contracciones se parecen bastante a los dolores menstruales. Empiezan siendo bastante espaciadas y se van volviendo más frecuentes a medida que avanza el parto. Asimismo, empiezan siendo bastante suaves y se van volviendo más intensas. Y cada vez duran más. Así pues, vas a pasar de algo que se parece bastante a unos dolores menstruales normales a algo parecido pero mucho más fuerte y prolongado (normalmente unos 90 segundos desde que empieza hasta que termina hacia el final del proceso).

✔ Entre contracciones no suele doler nada. Eso significa que, aunque no pretendo contradecir a quienes afirman que el parto es doloroso, el dolor no es constante.

✔ Durante las contracciones puede dolerte la parte inferior de la espalda; es algo muy habitual. De hecho, en mi primer parto me molestó más el dolor de espalda que el de las contracciones. El dolor de espalda empeora con el estreñimiento; come muchos cereales de salvado durante las dos últimas semanas de tu embarazo y tendrás más posibilidades de evitarlo.

✔ El movimiento suele ayudar a mitigar (o al menos a desviar la atención de) el dolor. Así pues, en vez de permanecer tumbada en la cama, es mejor que andes un poco o te mantengas en movimiento. Si el parto parece alargarse, deberás tratar de mantener cierto equilibrio entre lo que te mueves y lo que descansas. Aunque tan sólo estés moviéndote de un lado para otro en la sala de dilatación, transcurridas unas cuantas horas puedes haber recorrido una distancia considerablemente grande. De modo que descansa entre las contracciones y muévete cuando las tengas.

✔ La segunda fase del parto es la parte en la que empiezas a empujar para expulsar al bebé. Mira, no pretendo ser desagradable; pero expulsar un bebé se parece bastante a expulsar esas otras cosas que expulsas de esa zona de tu anatomía. Sí, alumbrar se parece bastante a ir al baño después de haber sufrido el peor período de estreñimiento que puedas imaginar. De hecho, si has ido estreñida en los últimos días, también vas a expulsar eso —el bebé no puede salir si el intestino está bloqueado y, puesto que el bebé debe salir, el intestino debe vaciarse. Eso sucederá durante la segunda fase si no lo has conseguido antes. Si lo piensas de antemano es posible que te parezca muy embarazoso. Todo lo que puedo decirte es que para ese momento, cuando finalmente llegues a ese punto, todos tus sensores de la vergüenza estarán bloqueados, y no tendrá mucha importancia. Además, las comadronas y los médicos lo ven todos los días y están acostumbrados. Su reacción práctica y profesional evitará que sientas vergüenza.

✔ Al final de la segunda fase todo se vuelve muy intenso. Las contracciones son muy frecuentes y más dolorosas (aunque a muchas mujeres la segunda fase les parece menos dolorosa que la primera), y la comadrona te dará instrucciones precisas («respira», «no empujes durante unos instantes», y ese tipo de cosas; tu pareja, que no tiene ni idea de qué decir pero se imagina que si la comadrona lo dice es porque debe de ser lo indicado, repetirá todo lo que ésta diga). La totalidad de la segunda fase puede durar únicamente unos minutos y esta última parte más intensa tan sólo dos o tres minutos.

✔ Habrás oído que muchas mujeres se desgarran cuando dan a luz. Una buena comadrona puede tratar de evitarlo (diciéndote que no empujes hasta que te hayas dilatado un poco más), pero aun así puede ocurrir. Lo importante es tener presente que *lo más probable es que ni tan siquiera lo notes*. Así pues, no te preocupes —están pasando tantas cosas, y estás ya tan colgada, que no tendrá ninguna importancia.

✔ Lo has leído bien, colgada. La buena noticia sobre el parto es que tu cuerpo produce unas hormonas para ayudarte a superar el proceso de expulsar al bebé. A las pocas horas de haber iniciado el parto empezarás a sentirte ligeramente colgada, o mareada; hasta el punto de que si estás cansada es posible que te quedes dormida entre contracciones, aunque entre ellas tan sólo transcurran tres o cuatro minutos. Al final del parto, dichas hormonas te hacen entrar en un estado en el que la experiencia en sí adquiere una cualidad como de ensueño; no tienes ni la más mínima noción del tiempo y, si no fuera por las contracciones, realizarías el mejor viaje de tu vida (y además es legal). Si has optado por utilizar anestésicos o petidina, también es posible que te sientas exaltada o mareada.

✔ En cuanto nace el bebé, el grado de dolor desciende hasta tal punto que, comparado con lo que has sentido hasta entonces, te parece completamente soportable. La tercera fase del parto —la expulsión de la placenta— es muy rápida y puede resultar molesta pero nunca peor.

✔ Después del alumbramiento, tu cuerpo puede experimentar una breve conmoción o sacudida. Dicho de otro modo, puedes sentir mucho frío y empezar a temblar de forma descontrolada. La comadrona está acostumbrada a ello y enseguida se ocupará de hacer que entres en calor y estés cómoda.

✔ Seguirás sintiendo molestias, especialmente cuando te muevas, durante algunos días. La mayor parte de la zona inferior de tu cuerpo estará considerablemente magullada. No obstante, en la cama no tienes por qué tener molestias, y debes ser capaz de ir al baño (y de ocuparte del bebé, por supuesto). Como ocurre con las magulladuras, te recuperarás de forma gradual y constante y en uno o dos días te sentirás lo suficientemente recuperada como para moverte mucho más.

El proceso (para el padre)

Como futuro padre que se involucra y apoya a su pareja, querrás ser tan útil como puedas durante el parto. ¿Pero qué demonios se supone que debes hacer? Es la primera ocasión en que estás en un parto y de repente te encuentras en el ojo del huracán. Bien, las directrices siguientes deberían serte de ayuda.

- ✔ Durante el parto trata a tu pareja como si ella fuera el jefe y tu su fiel sirviente. Haz lo que ella te diga. Tan sólo serán unas horas y a ella le toca la peor parte, de modo que resulta bastante razonable que te pida que tú hagas *todo* lo demás.
- ✔ Cuando tu mujer te diga que está de parto, no permitas que el pánico se apodere de ti. Limítate a decir algo así como, «¿A sí bonita? Qué bien. ¿Qué quieres que haga?». Luego olvídate de todo lo demás. No se te ocurra decir «Mi equipo acaba de empatar y sólo quedan veinte minutos de partido, ¿puedes esperar un poco?». La paternidad implica sacrificio y empieza en este preciso instante.
- ✔ Si se pone de parto en plena noche (algo extremadamente habitual), no te quejes cuando te despierte.

✔ Muéstrate tan relajado y relajante como puedas. Sin duda a unos se les da mejor que a otros, pero ella te conoce y no esperará más de lo que puedas dar.

✔ Intenta recordar las cosas que son importantes para ella. Quedará muy impresionada con comentarios como, «Voy metiendo la bolsa del hospital en el coche mientras tú vas un momento al baño».

✔ De camino al hospital, conduce con cuidado y evita los posibles baches. Si no puedes evitarlos pide perdón a tu pareja (ya sé que tú no los has puesto allí pero no es momento de ponerse puntillosos).

✔ No conduzcas demasiado rápido. Tu mujer te dirá que te des prisa, tanto si vas a 60 km/h como si vas a 120 km/h.

✔ Cuando llegues al hospital, es posible que empieces a sentirte más seguro y con un mayor control sobre la situación. No obstante, al ver a las comadronas —que sí saben realmente lo que están haciendo— volverá a parecerte que no eres más que un estorbo. Haz lo que te digan; ellas saben más.

✔ Dicho esto, debo advertirte que quizá te encuentres con alguien que intente presionarte para que hagas algo que tú no deseas. Ahí debes mostrarte inflexible. Tu pareja no se mostrará tan fuerte y firme como de costumbre, y puede necesitar que tú la defiendas. Si, por ejemplo, ella pide que la anestesien y la comadrona le dice que espere, eres tú el que debe mostrarse firme e insistir en que si tu mujer quiere que la anestesien deben anestesiarla. Si el parto es largo, es posible que la comadrona te sugiera que te marches unas horas. Si tu pareja no quiere que te vayas, muéstrate firme y quédate. No obstante, no es aconsejable pelearse con la comadrona, de modo que muéstrate agradable y educado, incluso cuando te muestres firme.

✔ Mantente alejado de la comadrona. Debes estar con tu mujer; limítate a cogerle la mano y seguro que no te metes en ningún lío.

✔ Si has asistido a las clases de preparación al parto, y has prestado atención, sabrás cuándo debe respirar tu pareja profundamente y cuándo rápido, y también todo el resto. Recuérdaselo. Si te contesta gritando «¡No soy idiota, ya sé cómo tengo que respirar!», no te lo tomes como algo personal. (Pero deja de recordárselo, al menos durante un rato.)

✔ Tu pareja va a experimentar muchas emociones intensas y una dosis considerable de dolor. Si para hacerle frente necesita lanzar improperios a la persona que más quiere y que tiene más cerca, no pasa nada; siéntete halagado por ser tú dicha persona. No te ofendas en ningún caso, ni la consideres responsable de las posibles barbaridades que diga durante el parto. Es muy posible que te culpe de su estado, que te amenace con no volver a acostarse nunca contigo, etc. Es algo completamente normal. Por muy desagradable que te parezca este aspecto del parto, recuerda que ella sigue llevando la peor parte.

✔ Habrá sangre, en cantidad. Lo siento pero es mejor que lo averigües ahora. Se trata de sangre «sana», y no implica nada malo. Simplemente, no te pongas tus mejores galas. Lo mejor es que te quedes en el extremo superior, junto a tu mujer, y que hables con ella.

✔ ¿Qué debes decirle? No se trata de una situación para la que uno esté preparado, y es posible que no sepas cómo entablar una conversación teniendo en cuenta las condiciones en que se encuentra tu pareja. La mayor parte del tiempo, por supuesto, se comportará de forma bastante normal y charlará alegremente. En otros momentos, especialmente cuando se acerquen las últimas fases, es posible que no obtengas demasiadas respuestas de ella. Eso no quiere decir que no te agradezca que le hables. He aquí algunas sugerencias:

– Dile lo bien que lo está haciendo.
– Anímala diciéndole que ya queda poco.
– Recuérdale cómo debe respirar (si te atreves).
– Hazle llegar las instrucciones de la comadrona.

✔ Puedes repetir todo lo que digas varias veces; puede encontrarse en una especie de estado de trance y con la repetición aumentarás las posibilidades de que acabe recibiendo el mensaje. Si estableces contacto visual con ella será más fácil que te oiga, y además evitarás ver lo que ocurre en el extremo opuesto. Tu papel aquí es importante; la comadrona y el médico están pendientes básicamente de la salud física de tu pareja y del bebé. Tú debes encargarte del apoyo mental y emocional. Ah, y una advertencia acerca del sentido del humor: puede ser muy útil, pero sólo si estás completamente seguro de la reacción de tu pareja. No lo fuerces, el sentido del humor puede ser la primera víctima del parto.

✔ Al nacer, el bebé estará recubierto de sangre y suciedad. Deberás reaccionar —de forma instantánea y sincera—

de un modo completamente positivo. Dile a tu pareja lo lista que es (aunque todos sabemos que las tontas también dan a luz), y lo hermoso que es el bebé.

✔ Es posible que estés deseando coger al bebé —después de todo es tan tuyo como de tu pareja— pero me temo que deberás dejar que ella lo coja primero. Lo más probable es que te lo pase enseguida, mientras se ocupan de ella, la limpian y la meten en la cama. Y al menos para entonces mucha de la sangre habrá desaparecido, por lo que no está tan mal. Es posible que al final te preguntes para qué carajo has servido. Pero lo más probable es que tu pareja piense —lo admita o no— que se ha sentido mucho más tranquila teniéndote a su lado.

2. Cómo sujetar al bebé

En cuanto haya nacido el bebé te darás cuenta de que de vez en cuando tienes que cogerlo. De hecho es posible que te sientas dominado por una extraña necesidad de tenerlo en brazos sin que haya una razón para ello. ¿Existe un modo correcto y un modo incorrecto de sujetar al bebé?

> Objetivo principal: **sujetar al bebé utilizando únicamente los brazos**
> Aspecto clave: **no hacerle daño**

Cuando domines la técnica básica para coger al bebé, sujetarlo y devolverlo al lugar de partida, te sorprenderá lo rápido que aprendes a realizar operaciones más complejas tales como coger al bebé, transportarlo de A a B, y depositarlo en otro sitio.

Falso mito
Si no sujetas al bebé del modo correcto puedes causarle serios daños

En realidad existen muchas formas correctas de sujetar a un bebé, y tan sólo una o dos incorrectas. Además, la mayoría de las posibles formas incorrectas resultan bastante obvias, por ejemplo sujetarle boca abajo por un dedo del pie (no hace falta que compruebes si tengo razón).

El proceso

1 **Prepárate.** Hasta que estés realmente familiarizado con el proceso y seas capaz de coger al bebé sin pensarlo, antes de empezar la operación debes ser consciente de que estás listo. Por ejemplo, deja cualquier cosa que lleves en la mano para disponer de más espacio para el bebé. Y colócate en una postura estable; no trates de coger al bebé desde cierta distancia mientras te mantienes a duras penas en equilibrio sobre una pierna.

2 **Sostén la cabeza del bebé.** Seguro que ya lo has oído (lo que a lo mejor no te ha quedado tan claro es que ésta es básicamente la *única* regla). A causa de alguna deficiencia de la naturaleza, los bebés no son capaces de sostener el peso de su propia cabeza. Mientras están tumbados eso no representa un problema, pero en cuanto los levantamos del suelo (o de donde estén normalmente), su cabeza tiende a quedarse donde estaba mientras que el resto del cuerpo se eleva. En el mejor de los casos, al bebé le costará mucho respirar; si lo incorporas muy deprisa puede llegar a desnucarse. Para sostener la cabeza del bebé es obvio que debes usar una mano, de modo que deslízala con cuidado bajo su cabeza.

3 **Incorpora al bebé.** Afortunadamente tienes otra mano. Es todo lo que necesitas para completar el proceso. Dado que los bebés son muy ligeros por naturaleza, todo lo que necesitas para incorporarlo es esa segunda mano. Acerca dicha mano al niño por el otro lado. Asegúrate de que le coges bien. Los movimientos deben ser delicados —es un

bebé, no un bolso o una pelota de fútbol. Intenta mover las manos más o menos a la misma velocidad, de modo que la cabeza del bebé (en una mano) y su cuerpo (en la otra) estén siempre más o menos a la misma distancia uno del otro. No importa hacia qué lado mire el niño en relación con tu cuerpo, ni si está vertical u horizontal (si está vertical la cabeza debe estar arriba).

4 **Sujeta al bebé.** La gente suele sujetar a los bebés recostándolos sobre un brazo y con la cabeza a la altura de la axila porque resulta fácil, no porque sea la única forma de hacerlo. La cabeza descansa sobre la parte superior del

brazo, y el cuerpo sobre el antebrazo y la mano. Y mira: te queda un brazo completamente libre. Muy práctico. Sin embargo, existen otras muchas formas de sujetar a un bebé: basta con sostener bien la cabeza y mantenerla más alta que los pies. Puede estar boca arriba o boca abajo; probablemente le dé igual, y si prefiere una postura a la otra te lo hará saber (si no le apetece se quejará).

5 **Déjalo donde estaba.** Cuando decidas dejar de tenerlo en brazos puedes volver a dejarlo donde estaba. Básicamente debes realizar el proceso inverso. Antes de empezar, decide dónde vas a depositarlo para evitar problemas innecesarios. Baja al bebé —el ángulo no importa siempre que le sostengas bien la cabeza— hasta que repose sobre la superficie seleccionada. No retires las manos hasta que el peso del bebé descanse sobre la nueva superficie; de lo contrario lo que habrás hecho es dejarlo caer.

Técnica avanzada para sujetar al bebé

1 **Moverse de un sitio a otro.** Con el tiempo te moverás de un lugar a otro mientras lo tienes en brazos; o incluso harás otras cosas a la vez. Las reglas claves son las siguientes:

– Ponte zapatos cómodos, y
– mira a dónde vas.

Si crees que estás preparado para hacer otras cosas con el bebé en brazos, aquí es donde la posición que te deja un brazo completamente libre resulta realmente útil. Si eres diestro probablemente te será más fácil sujetar al bebé con el brazo izquierdo y dejar el derecho libre. Si eres zurdo te será más cómodo lo contrario. En cualquier caso, puedes impresionar a tus amigos y dejarles claro lo bien que se te da la paternidad mostrándoles cómo esterilizas los biberones, lavas la ropa del bebé o recoges la cocina con el bebé en brazos.

2 **La mochila.** Las mochilas para bebés ofrecen un lugar donde poner al bebé mientras tú te dedicas a hacer otras cosas. En vez de dejarlo gritando en el otro extremo de la habitación, colocas al bebé en la mochila que llevas colgada para que esté junto a ti. Suele calmarle, por lo que resulta especialmente útil cuando tienes que llamar por teléfono o mantener una conversación. Y una observación positiva, el bebé estará más contento. Primero colócate la mochila y asegúrala a tu cuerpo y luego mete al bebé en la mochila; de lo contrario éste podría escurrirse. Sigue las instrucciones de la mochila al pie de la letra.

3 **Apoya al bebé sobre tu cadera.** Es algo puramente opcional. Pero alrededor de los tres meses, y siempre que el bebé ya sostenga la cabeza, puedes sentarlo sobre tu cadera mientras te desplazas de un sitio a otro. No mantendrá el equilibrio él solo de modo que deberás rodear su espalda con tu brazo y colocar la mano bajo su trasero.

3. La leche materna y la leche artificial

Antes de que nazca el bebé empezarás a recibir todo tipo de consejos acerca de cómo alimentarlo. El debate entre la leche materna y la leche artificial puede llegar a ser muy acalorado, y hasta que no hayas probado como mínimo una de las opciones no estarás seguro de tu opinión al respecto.

> **Objetivo principal:** suministrar leche al bebé
> **Aspecto clave:** tener un bebé sano y feliz

Quizás tengas una opinión muy clara sobre cómo deseas alimentar a tu bebé y quizá no. En cualquier caso, lo importante es tener presente que la decisión es cosa de los padres y de nadie más. No existe una forma mejor que otra.

Falso mito
Si no amamantas a tu bebé eres una mala madre

Es imposible saber qué niños o adultos han sido amamantados y cuáles no. No lo revela ni su aspecto, ni su personalidad, ni su salud; entonces, ¿es realmente tan importante? Respuesta: no, no lo es.

Las diferencias

Existen varios aspectos que diferencian la leche materna de la artificial. Yo me limitaré a considerar los claves y luego te tocará a ti decidir qué opción te conviene más.

El bebé

La verdad es que los bebés no son demasiado exigentes. Se beben cualquier clase de leche que les pongas delante. Si les dejas escoger entre la leche artificial y la materna, no mostrarán una preferencia en cuanto al sabor. No obstante, vale la pena considerar uno o dos puntos.

Leche materna	Leche artificial
El bebé pasará más tiempo mamando ya que la leche materna llena menos.	El bebé pasará menos tiempo comiendo —y seguramente más durmiendo— si le das leche artificial.
La leche materna ha sido perfectamente diseñada durante millones de años de evolución para dar a tu bebé exactamente los nutrientes y hormonas que necesita, y para reforzar su sistema inmunológico.	La leche artificial (término técnico que se usa para describir lo que hay en el biberón) no contiene determinadas hormonas humanas que sí están presentes en la leche materna, pero contiene todos los nutrientes esenciales y no contiene nada perjudicial.
El bebé disfrutará de la intimidad física que	El padre y el bebé disponen de más oportunidades para

proporciona la alimentación con leche materna.	establecer un vínculo afectivo ya que éste también puede darle el biberón.

Aspectos básicos

En los dos capítulos siguientes trataremos en detalle el tema de la lactancia materna y el de la lactancia artificial respectivamente. Pero antes vale la pena que establezcamos una o dos comparaciones:

Leche materna	Leche artificial
Puedes amamantar al bebé con una sola mano por lo que te queda otra libre para hacer otras cosas, como sujetar una bebida fría.	Una mano para sujetar al bebé y otra para sujetar el biberón. Para la gran mayoría de padres, éstas son todas las manos disponibles.
Si el bebé duerme en tu habitación no tendrás que salir de la cama para alimentarlo por la noche.	O te compras una colección de utensilios para calentar biberones, etc., o por la noche te tendrás que levantar (mientras el bebé llora desesperado) para preparar y calentar el biberón.
Tan sólo la mamá puede alimentar al bebé	Cualquiera con dos dedos de frente puede dar el biberón al bebé —el padre o la madre, una comadrona que ha venido a vernos o cualquier otra persona que aparezca por descuido a la hora de darle de comer.

La leche materna y la leche artificial

No tienes que perder el tiempo esterilizando, limpiando y preparando biberones.

Se precisan bastantes utensilios para alimentar al bebé con leche artificial, y deberás dedicar tiempo a limpiar y esterilizar. Si te vas de viaje deberás llevarte todos esos trastos.

Puedes alimentar al bebé prácticamente al instante en cuanto se muestre hambriento.

Puedes estar preparado para las tomas rutinarias, pero los bebés no siguen horarios establecidos. A veces tendrá hambre cuando no te lo esperes. En dichas ocasiones no te quedará más remedio que dejarle llorar mientras preparas el biberón.

Es posible que te sientas incómoda si tienes que darle de mamar en público.

Puedes dar un biberón sin sentirte incómodo prácticamente en cualquier lugar, al menos en los que se suelen frecuentar con un bebé.

Puedes amamantar al bebé de pie y mientras vas de un sitio para otro, pero no es muy indicado para que la leche fluya y la mayoría de madres lo encuentran poco práctico, sólo para casos de emergencia.

Aunque tienes las dos manos ocupadas, por regla general es más fácil dar un biberón en movimiento que amamantar al bebé de ese modo.

No puedes amamantar al bebé en un coche en movimiento, aunque no seas tú quien conduce, ya que ambos debéis viajar con los cinturones de seguridad y según las normas establecidas por la ley.

En un coche alguien que no conduzca puede dar el biberón al bebé mientras ambos están bien atados con el cinturón de seguridad en sus asientos (los baches ayudan al bebé a expulsar los gases).

La madre

En realidad éste es el *quid* de la cuestión. La mejor manera de alimentar a un bebé es aquella con la que la madre se sienta más cómoda. Si no te apetece amamantar a tu bebé pero le amamantas, le transmitirás la tensión que sientes y los efectos negativos pesarán más que los posibles beneficios de la leche materna. Por eso sólo tú puedes tomar la decisión. He aquí algunos factores a tener en cuenta.

Leche materna	Leche artificial
A muchas madres les encanta la intimidad que proporciona amamantar a un bebé, y para algunas de ellas eso es más importante que cualquier aspecto negativo.	Algunas mujeres disfrutan igual dando un biberón que amamantando, y les parece una experiencia igual de íntima.
Si le amamantas tienes al bebé para ti sola la mayor parte del tiempo.	Puedes compartir con otra persona la tarea de alimentar al bebé.
Resulta increíblemente útil tener siempre leche a mano, en cualquier momento y estés donde estés.	Las primeras semanas de maternidad ya resultan suficientemente agotadoras sin tener que limpiar, esterilizar y preparar biberones.
Algunos bebés comen aproximadamente cada cuatro horas y luego duermen diez horas seguidas o más por la noche. Sin embargo, un bebé comilón puede llegar a estar	La leche artificial llena más que la materna por lo que es probable que el bebé duerma más por la noche (aunque no existen garantías al respecto). Cuando hay que alimentarle

18 horas al día comiendo (es un caso extremo, por supuesto). Si le amamantas no te dejará demasiado tiempo para ti —te costará incluso encontrar tiempo para ir al baño o lavarte los dientes.

siempre puedes tratar de encontrar a alguien que le dé el biberón y tú tomarte un respiro.

Los primeros días es posible que te cueste dar de mamar —y por tanto que te sientas frustrada y estresada— pero dicha fase pasará en cuanto tú y tu bebé le pilléis el truco.

Dar un biberón es muy fácil; en tan sólo unos minutos dominarás la técnica.

A algunas mujeres les salen grietas entre 3 y 10 días después de nacer el bebé. Éstas hacen que amamantar resulte muy doloroso; las pezoneras pueden aliviar el dolor (pero algunas comadronas no hablan de ellas porque por alguna razón que desconozco están en contra de ellas).

Dar el biberón no provoca ningún tipo de molestia y, además, siempre puedes pedirle a otro que lo haga.

No puedes ir muy lejos sin el bebé ya que nadie más puede alimentarle.

Puedes salir y dejar al bebé con otra persona.

El padre

Es importante no dejar al padre fuera de todo este asunto. Aunque parezca lógico que sea la madre la que decida el tipo de leche con la que va a alimentar al bebé —ella es la que dormirá poco, o la que tendrá grietas en los pezones— también el padre debe poder opinar (el bebé es menor de 18 años y por lo tanto no tiene ni voz ni voto).

El padre no puede amamantar al bebé. Resulta obvio pero vale la pena dejarlo del todo claro. Eso significa que queda bastante excluido de la relación íntima que se establece entre la madre y el bebé durante las primeras semanas. La alimentación con biberón puede ser una solución, ya que en ese caso el padre puede compartir la tarea de alimentar al bebé con la madre (es posible que se arrepienta de haber secundado esta opción a las tres de la madrugada).

Sólo una aclaración: si optas por amamantar al bebé y el papá quiere tener la oportunidad de establecer un vínculo afectivo con el pequeño, compra una mochila y que él se la ponga para llevar al bebé cuando salgáis a pasear. Escoge un modelo en el que la cabeza del bebé quede cerca de la cara del que lo lleva, para poder establecer contacto visual. Así el papá y el bebé también podrán establecer una relación íntima y especial; y además la mamá podrá descansar un poco. Como es natural, cuanto más salgáis, mayor será el efecto. Estudios recientes demuestran asimismo que si el papá se encarga de bañar o dar masajes al bebé dicho vínculo se establece más rápidamente.

El proceso

Hay algo que debes tener muy claro en el momento de escoger entre la leche materna y la artificial: puedes empezar con la materna y luego pasar a la artificial, pero si empiezas con la artificial luego no puedes pasarte a la materna.

No es justo, lo sé. Sería mucho más fácil probar las dos durante unos días y luego decidir, pero no es posible. En cuanto dejas de amamantar, la leche se retira y se acabó. De modo que si piensas que preferirías amamantarle, debes probar dicha opción primero.

¿Y por qué no puedes combinar las dos? La verdad es que algunas mujeres han conseguido combinarlas con éxito, pero en la mayoría de los casos no funciona. Es posible que lo consigas durante algunas semanas, pero la mayoría de madres que también dan biberones a sus bebés suelen dejar de producir leche.

De hecho es culpa del bebé. El proceso depende de éste ya que es él quien transmite a las mamas que necesita más leche a medida que crece. Si al final de la toma se queda con hambre, sigue chupando y eso hace que la mama produzca más leche la toma siguiente. Sin embargo en el caso del biberón enseguida aprende que no hace falta que siga chupando una vez está vacío (de hecho si lo intenta tan sólo sacará aire), porque tú o bien retirarás el biberón o bien lo sustituirás por otro que esté lleno. Así pues, el bebé deja de chupar un rato más, y no estimula la mama para que aumente la producción. De hecho, como parece que el bebé nunca necesita más leche, la mama produce un poco menos cada vez.

Algunas mamás —o bebés— consiguen combinar la leche materna y la artificial de forma indefinida. Pero eso es imposible de predecir, y para cuando averigües si es o no tu caso ya no podrás dar marcha atrás.

La extracción de la leche. ¿En qué consiste?

La extracción de la leche permite dar la leche materna en un biberón. Utilizas un artilugio de lo más estrafalario llamado sacaleches (algo que sin duda no debes usar en público) para extraer la leche de tus mamas. Sirve para que tú puedas salir mientras otra persona se encarga de alimentar al bebé sin que éste deba renunciar a las ventajas de la leche materna.

Si sólo te extraes la leche de vez en cuando puedes dejar abierta esta opción indefinidamente. Muchas madres, sin embargo, empiezan a extraerse la leche cuando vuelven a incorporarse al trabajo para que el bebé empiece a tomar biberones (pero de leche materna) en la mayoría de las tomas. En ese caso es posible que te encuentres con la ley antes mencionada de disminución de la producción y que te acabes secando por completo.

Dicho esto, pasarse al biberón es la única alternativa si tienes que volver al trabajo y dejar al bebé con otra persona; así pues, extraerte la leche es una forma fantástica de poder seguir amamantando al bebé (cuando estés en casa) y de conseguir tener leche el máximo de tiempo posible.

4. Lactancia materna

En cuanto tengas claro que vas a amamantar al bebé —al menos por ahora— te quedará todavía la parte más difícil. Porque conseguir que el bebé tome la leche va a resultar todo un desafío. En uno o dos días, no obstante, el bebé se cogerá al pecho y se despegará de él como si nada.

Objetivo principal: **conseguir que el bebé tome la leche**
Aspecto clave: **tener un bebé feliz y sano**

Lo curioso con respecto al amamantamiento es que ambos debéis aprender la técnica a la vez. Sí, así es: tampoco el bebé lo ha hecho nunca. Quizás pienses que es algo completamente natural e instintivo en el caso del bebé. Pero piensa que éste podría opinar exactamente lo mismo de ti. La realidad es que ambos sois conscientes de que queréis que la boca del bebé entre en contacto con el pezón; pero ninguno de los dos lo ha practicado con anterioridad. Por tanto deberás aprender y enseñar al bebé a la vez.

Falso mito
Amamantar es algo completamente instintivo y debes ser capaz de hacerlo sin ayuda

Eso es una tontería. Evidentemente el principio es claro e instintivo, y resulta obvio que tanto tú como el bebé acabaríais consiguiéndolo si tuvierais que arreglároslas solos. Sin embargo es completamente normal que tardes varias tomas en dominar la técnica. La gran mayoría de madres necesitan ayuda para aprender a hacerlo bien.

Las directrices siguientes reúnen la información básica sobre el amamantamiento de un bebé. No obstante, pide ayuda a la comadrona o a cualquiera que esté cerca (¿a quién? Tendrás muchas personas alrededor que se morirán por darte consejos, más de los que necesitas, incluso antes de que se los pidas). Estas directrices te ayudarán a prepararte de antemano, y deben servirte de ayuda también en plena noche, cuando no tengas a nadie cerca a quien preguntar. Y si das a luz en un pueblecito que está incomunicado por la nieve y al que la comadrona no puede llegar, los consejos siguientes tendrán un valor inestimable.

El proceso

1 **Prepárate.** De acuerdo, esta parte no es esencial pero hará que tu vida resulte más agradable. Como mínimo duran-

te una hora no vas a ir a ningún sitio (a menos que sea indispensable), por lo que es tu última oportunidad para ir al baño, aunque la necesidad de ir al baño no suele ser urgente cuando das de mamar. Durante las últimas semanas del embarazo vas al baño docenas de veces al día y, curiosamente, en cuanto tienes al bebé, apenas vas durante varias semanas. Porque toda el agua sobrante de tu organismo sirve para producir leche. Además de ir al baño, puedes aprovechar para reunir todo lo que puedas necesitar durante la próxima hora y para colocarlo cerca de donde vas a darle el pecho —un libro, una buena cinta que quieras escuchar, el mando de la televisión o lo que sea (recuerda: no puedes hacer nada para lo que se precise más de una mano, así que deja lo de pelar las patatas para más tarde).

2 **Deja la vía libre para el bebé.** Hasta que seas una experta consumada, es mejor que te desates los botones, cremalleras, sujetadores de lactancia o cualquier otra cosa antes de coger al bebé. Y que retires los empapadores, que deberás usar para absorber las posibles gotas que rezumen del pecho. Si el bebé está llorando, puedes pedirle a otro que lo coja, lo consuele y te lo pase cuando estés preparada. Si el papá está presente puede ocuparse él.

3 **Ponte cómoda.** Por alguna extraña razón, no resulta cómodo dar de mamar a un bebé si éste no apoya su peso sobre algo. Si tuviésemos los pechos más abajo, el bebé se sentaría cómodamente sobre nuestro regazo y tomaría su ración de leche. Pero no es así. Sujetar a un bebé de 3,5 kg durante aproximadamente una hora puede llegar a resultar muy incómodo, sobre todo después del parto, cuando todavía no estás del todo recuperada. De modo que utiliza una silla o un sofá cómodos (puedes usar tu silla o sofá favorito para dar de mamar) y prueba con varios cojines hasta encontrar una postura que te resulte cómoda. Hay unos cojines grandes que se comercializan con dicho fin y que van bastante bien.

4 **Coge al bebé.** O pídele a alguien que te lo acerque. Debes colocarlo sobre el codo de modo que su cabeza se apoye en la parte superior del brazo y el resto del cuerpo en el antebrazo. Lo normal es que el bebé, al notar que está cerca del suministro de leche, inicie una especie de movimiento buscando por todas partes, que resulta muy cuco. Puedes expe-

rimentar con otras posturas, como la contraria a ésta, es decir, con los pies del niño debajo de tu axila (si tienes gemelos puedes amamantarlos a los dos a la vez en esta postura). También puedes darle de mamar tumbándolo junto a ti en la cama, tú de lado y él con la cabeza sobre tu brazo.

5 **Pon al bebé en contacto con el pecho.** No puedes dar por sentado que saldrá bien a la primera, aunque siempre puedes tener suerte. No pretendo deprimirte, sino hacerte saber que no hay por qué inquietarse si tardas varios minutos en conseguir que el bebé coopere. Tu objetivo es conseguir que el bebé abra bien la boca y coja con ella la mayor parte de la aureola oscura que rodea el pezón, y que luego empiece a succionar con fuerza. Sin embargo, el bebé puede pensar de otro modo. Así por ejemplo, si está muy disgustado es posible que no deje de llorar el tiempo necesario como para cerrar la boca alrededor del pezón. Si tienes problemas, he aquí algunos trucos:

- La boca del bebé debe estar alineada con el pezón; no debe elevar, bajar o girar el cuello para alcanzarlo.
- Si el bebé no gira la cabeza hacia el pezón, acaríciale la mejilla (la más cercana al pecho).
- Si no consigues que se coja y alguien trata de darte consejos condescendientes, pídele que salga de la habitación sin cortarte ni un pelo.
- Si tú y el bebé no conseguís encontrar la posición correcta, o bien el bebé no sacará la leche suficiente o —lo que es más probable—transcurrido un rato empezarán a dolerte los pezones. De modo que es esencial conseguir

hacerlo bien. En cuanto ambos tengáis el hábito de colocaros correctamente, lo haréis sin pensar.

6 **Relájate.** Cuando consigas que el bebé esté en la posición correcta y empiece a comer, relájate y disfrútalo. No tienes que hacer nada más hasta que el bebé deje de mamar. Pide a alguien que te traiga una bebida fría; no sujetes nunca una bebida caliente sobre el bebé. Pide a otro que te prepare un bocadillo. (Intenta conseguir que alguien arregle las tejas del tejado por las que se cuela el agua y que cambie algunas bombillas mientras tú das de mamar al bebé.) Cuando das de mamar es aconsejable beber mucho líquido y comer con regularidad. Te guste o no, alojas en tu interior una pequeña fábrica productora de leche, y la cualidad de la leche dependerá de las materias primas que tú le aportes.

Unas palabras dirigidas a los papás: es fácil que sientas que estás de más cuando tu pareja da de mamar al bebé. Pero en realidad tu apoyo resulta vital, y puedes lograr que ambos se sientan mucho mejor. Puedes ocuparte del bebé mientras tu mujer se prepara y se pone cómoda, llevarle algo de beber y unas galletas, o coger al bebé un rato para que ella descanse un poco cuando la toma sea larga: en cuanto haya saciado el hambre inicial al bebé no le importará dejar de mamar unos minutos, del mismo modo que a ti no te importa descansar entre platos en una comida copiosa. Además, está la difícil tarea de conseguir que eructe (trataremos este tema un par de capítulos más adelante). Cada cierto rato puedes pedirle a tu pareja que te pase el bebé y divertirte un poco intentando conseguir que eructe. Por alguna razón que desconozco parece ser un pasatiempo muy popular entre los hombres, y algo que a muchos se les da mejor que a sus mujeres.

7 **Interrupción de la toma.** Si quieres que el bebé deje de chupar —porque está en una postura incorrecta y tienes que empezar de nuevo, por ejemplo— no puedes simplemente apartarle tirando de él. Esta succionando muy fuerte y si lo haces te arrepentirás (y te dolerá muchísimo). Lo que debes hacer es interrumpir la succión; para lograrlo desliza el dedo meñique dentro de la boca del niño junto al pezón, espera que se desprenda y luego retira suavemente al bebé.

8 **Fin de la toma.** Cuando el bebé vacía uno de los pechos sigue chupando un rato por si quedara algo de leche, como cuando las personas mayores siguen apretando el tubo de la pasta de dientes a pesar de que se ha acabado. Es dicha succión, que realiza una vez terminada la leche, la que notifica al organismo que en la siguiente toma debe producir más leche. Así pues, deja que el bebé chupe un poco más, para que tu producción de leche pueda satisfacer sus necesidades. Soltará el pecho él solo cuando se dé cuenta de que ya no hay más leche por ahora.

La rutina

Un bebé, dos pechos. ¿Cómo debes distribuir la leche para que resulte eficaz? Tus pechos en realidad dispensan dos tipos de leche ligeramente distinta en cada toma. La primera que sale se conoce como primera leche; ésta es más diluida y apaga más la sed que la leche final, que es más rica y nutritiva. Dado que tu bebé necesita los dos tipos de leche, es mejor no ofrecerle el segundo pecho hasta que haya vaciado bien el primero; de lo contrario se perderá la leche final.

Lo habitual, por tanto, es poner al bebé en un pecho una toma y en el otro la toma siguiente. Muchos bebés lo aceptan pero algunos se niegan a seguir el juego. Un bebé hambriento, por ejemplo, puede vaciar ambos pechos sin problemas en una toma, y querer todavía más (el primer pecho debe volver a estar lleno para cuando haya vaciado el segundo). Mientras tengas presente que debe vaciar bien un pecho antes de empezar con el siguiente, puedes tener tu propio sistema para afrontar este tipo de variaciones.

Es posible que a veces no recuerdes con qué pecho le diste la última toma y que por tanto no sepas qué pecho le toca. Muchas mujeres se atan una cinta en el tirante del sujetador del lado que han usado por última vez. ¿O se lo atan en el tirante del lado que deben ofrecerle la siguiente toma? ¿Y se habrán acordado de cambiar el tirante de lado la última vez? Si consigues funcionar con este sistema, o con cualquier otro que inventes, perfecto. De lo contrario, observa qué pecho está más lleno —uno puede llegar a ser el doble de grande que el otro. Debes ofrecerle el que esté más lleno.

Efectos secundarios de la lactancia materna

Descubrirás algunas experiencias curiosas a consecuencia de la lactancia materna: desde grietas dolorosas en el pezón hasta pechos que gotean; experiencias todas ellas completamente nuevas para ti. Aquí encontrarás un resumen de las más habituales.

✔ **Goteo.** A veces la leche se escapa. Puede rezumar incluso cuando los pechos no están especialmente llenos. Si el bebé empieza a llorar, la leche se escapa con más fuerza. Puede suceder también si el que llora es el bebé de otro, o un bebé que aparece en la televisión, o cuando piensas en tu bebé, u oyes un ruido que se parece ligeramente al llanto de tu bebé (un gato maullando, por ejemplo), o sin que haya ninguna razón aparente. A veces, incluso, la leche sale disparada a cierta distancia de ti, aunque transcurridos los primeros meses la cantidad disminuye. Los discos absorbentes o empapadores (los hay desechables y reutilizables) sirven para evitar que los demás se enteren.

✔ **Pechos excesivamente llenos.** Cuando los pechos están muy llenos pueden llegar a doler. Eso sucede alrededor del segundo o tercer día, cuando «sube la leche» (distinta del calostro amarillento que produces los dos primeros días). El fenómeno dura tan sólo un par de días, aunque puede repetirse de vez en cuando —generalmente de forma transitoria— cuando transcurre más tiempo del habitual entre tomas. Antes o después el bebé decidirá dormir más horas seguidas que de costumbre; y tú, en vez de poder mostrarte agradecida por las horas de sueño adicionales que te brinda, descubrirás que te duelen mucho los pechos y desearás despertarle para que tome algo de leche. Unos pechos excesivamente llenos pueden acabar provocando una mastitis, hinchazón dolorosa de los pechos acompañada de fiebre que resulta muy desagradable, de modo que debes hacer todo lo que esté en tu mano para evitarla. Cuando te duelan los pechos porque están muy llenos puedes aplicar un paño frío para aliviar el dolor, o alternar paños fríos y calientes. Uno de los consejos populares más extraños consiste en colocarse las hojas exteriores de una col dentro del sujetador. Extraño pero funciona. Guárdalas en la nevera; funcionan mejor si están frías.

✔ **Reposición de la leche.** Varias veces al día experimentarás una extraña sensación parecida a una descarga eléctrica suave que te atravesará ambos pechos a la vez. Tiene que ver con la reposición de la leche. Es posible que la sensación te agrade o no, es una cuestión de gustos. Disminuye transcurridos los primeros meses.

✔ **Pezones doloridos.** Si se te inflaman y se te agrietan, los pezones te dolerán mucho. Pide a tu comadrona o médico que compruebe si el bebé se coge al pecho correctamente. Pide consejo sobre las pezoneras que —si se usan sólo ocasionalmente— pueden solucionar el problema por completo. (Si se usan en exceso luego pueden dificultar el destete del bebé.) Este tipo de problema suele presentarse a los tres días del nacimiento del bebé y muchas mujeres dejan de dar de mamar a causa de él. Si tú quieres seguir amamantándole, te ayudará saber que normalmente el problema se soluciona en unos días.

✔ **Dolores posparto o entuertos.** La lactancia forma parte del inteligente sistema del que dispone nuestro cuerpo para sanarse a sí mismo después del parto, ya que hace que el útero se contraiga. Los primeros días después del nacimiento, cuando el bebé se coja al pecho para empezar a mamar, experimentarás unas contracciones parecidas a las del parto aunque no tan fuertes. Se conocen con el nombre de «entuertos»; duran tan sólo unos días y se van volviendo paulatinamente más débiles hasta que desaparecen.

5. Lactancia artificial

Si decides que lo de dar de mamar no está hecho para ti, la única alternativa viable es la lactancia artificial. En vez de dar la leche directamente al bebé, primero la introduces en el biberón y luego se la das. Menos eficaz, sí, pero podría decirse que a la larga acaba siendo más cómodo.

> Objetivo principal: **que el bebé tome la leche**
> Aspecto clave: **tener un bebé sano y feliz**

Una de las grandes ventajas de la lactancia artificial es que cualquiera puede encargarse de dar el biberón al bebé. Incluso un hermano mayor puede aprender a hacerlo. Eso significa que el papá puede ocuparse del bebé él solito. En el caso de la leche materna, para el padre resulta terriblemente estresante quedarse con el bebé si éste está hambriento y berreando, porque no tiene con qué alimentarlo. Con la lactancia artificial todo el mundo se ocupa por igual del nuevo bebé.

Falso mito
La lactancia artificial es mejor porque sabes exactamente la leche que toma el bebé

Puedes saberlo, sí, pero a menos que el bebé esté muy por deba-jo de su peso o enfermo eso no es importante. El bebé tomará la leche que necesite, y mientras esté sano y feliz no debes pre-ocuparte por eso.

Los utensilios

Para alimentar al niño con leche artificial hacen falta varios utensilios. Algo que al principio puede desalentarte un poco. Compra todo lo necesario antes de que nazca el bebé. Lo que realmente necesitas es:

✔ **Biberones.** Existen distintos modelos pero todos sirven para lo mismo. Llevan una anilla de rosca para fijar la teti-na, y una tapa para que la tetina se conserve esterilizada una vez preparado el biberón. Por regla general se venden con tetina, aunque las tetinas también pueden comprarse por separado. Lo normal es que el bebé haga unas ocho tomas al día, de modo que si sólo tienes dos biberones deberás esterilizarlos unas cuatro veces al día.

✔ **Tetinas.** Tienen agujeros de distintas medidas para adap-tarse a bebés de distintos tamaños. Debes comprobar el tamaño al comprarlas (vengan con el biberón o vayan por

separado). Debes buscar aquellas en las que ponga para
«recién nacidos» o algo parecido.

✔ **Leche artificial o de fórmula.** Existen dos o tres marcas
muy conocidas. Lo importante es que compruebes para
qué edad es. Algunos botes tienen extrañas denominacio-
nes tales como «leche de continuación»; lo que tú necesitas es uno en el que ponga apta para recién nacidos.

Existen otros muchos utensilios opcionales tales como esterilizadores o calientabiberones fantásticos, pero no hace falta
que los compres todos si no quieres o si tu bolsillo no te lo
permite. Puedes esterilizar los biberones con una simple olla
de agua hirviendo.

El proceso

1 **Esterilízalo todo.** El capítulo siguiente trata sobre la
esterilización de modo que no entraré en detalles ahora.
Baste con decir que mientras tu bebé sea pequeñito debes
imaginarte que formas parte de una película de ciencia fic-
ción en la que todo el mundo lleva uno de esos trajes blan-
cos antirradiactivos. Ningún germen debe estar en contacto con cualquier cosa que vaya a parar al interior del bebé.
De modo que debes usar leche, agua, una cuchara medi-
dora, un biberón y una tetina que estén esterilizados. Lo
tocarás todo con las manos, por lo que antes de empezar
a prepararlo debes lavártelas.

Si eres de constitución robusta es posible que te preguntes cómo va a desarrollar el bebé cierta resistencia a

los gérmenes si actúas de ese modo. Yo misma me lo he preguntado a veces. Pero más vale prevenir que curar. No obstante, si a media toma te das cuenta de que te has olvidado de lavarte las manos antes de preparar el biberón, no te agobies. Las posibilidades de que eso sea perjudicial para el bebé, si ocurre una vez, son prácticamente nulas. Limítate a acordarte la próxima vez. En cualquier caso, ten siempre utensilios esterilizados preparados para la toma siguiente o deberás soportar el llanto del bebé mientras dedicas 15 o 20 minutos a esterilizarlo y a enfriarlo todo.

2 **Identifica cuándo tiene hambre.** Los recién nacidos suelen alimentarse aproximadamente cada dos horas (durante una hora cada vez), de modo que en cualquier momento pueden tener hambre. Básicamente, si lloran y hace un rato que no comen, hay muchas posibilidades de que tengan hambre. Si no lloran, no tienen hambre.

3 **Prepara la toma.** Debes seguir las instrucciones del bote, que suelen indicar que pongas cierta cantidad de agua esterilizada (o sea, agua que se ha hervido y luego enfriado) en el biberón y que después añadas la leche en polvo. No utilices agua mineral embotellada ya que puede contener niveles de minerales perjudiciales para el bebé (y si usas agua con gas por equivocación en vez de sin gas le provocarás unos gases sencillamente horribles). También debes evitar las aguas que contengan ablandadores. Es importante que la proporción de agua y leche en polvo sea la correcta —un exceso de agua provocaría una alimentación deficiente; un exceso de leche podría hacer enfermar

al niño. Remueve bien la mezcla para eliminar los posibles grumos.

Puedes comprar leche ya preparada y envasada. Resulta bastante cara pero puede ser muy útil cuando sales de viaje. No des al bebé ni leche de vaca, ni leche de cabra ni nada que no haya sido formulado específicamente para bebés humanos.

4 **Pon la leche a la temperatura indicada.** Existe el falso mito de que para un bebé la leche debe estar a la temperatura corporal, como la materna. La verdad es que no debe estar más caliente que ésta última (ya que de lo contrario podría quemarse), ni tampoco más fría que la temperatura ambiente. Cualquier cosa entre una y otra sirve. Puedes comprar uno de esos fantásticos calientabiberones, pero francamente, puedes calentarlo igual de bien metiéndolo en un cuenco de agua caliente. Antes de dar la leche al bebé comprueba la temperatura echándote unas gotitas en alguna parte sensible del cuerpo, por ejemplo en la muñeca. Si no la encuentras caliente es que está a la temperatura de tu cuerpo o por debajo de ella, y puedes dársela.

5 **Prepárate para la toma.** En cuanto la leche esté lista, necesitarás al bebé para completar la operación. Elige un lugar cómodo para sentarte, pon la música que te apetezca escuchar o cualquier otra cosa para entretenerte (recuerda: tendrás las dos manos ocupadas), y luego coge al bebé. Sujeta al bebé con un brazo de modo que su cabeza descanse sobre la parte superior del mismo.

6 **Mete la tetina en la boca del bebé.** Si el bebé parece no tener muy claro de qué va el tema, puedes acariciar su

mejilla, la que queda más cerca de tu cuerpo, para animarle a abrir la boca y empezar a buscar. Luego mete suavemente la tetina en su boca; asegúrate de que está bien
metida y de que el bebé chupa con fuerza. No sirve si se
limita a masticar la tetina como si fuera una especie de
goma de mascar para recién nacidos. Enseguida cooperará plenamente. El extremo del biberón que está más cercano a la boca del bebé debe estar lleno de leche, para evitar que entre aire en la tetina. El bebé no quiere tragar aire.
Al principio esto resulta muy sencillo, pero a medida que
el biberón se vacía deberás inclinarlo cada vez más para
asegurarte de que la tetina sólo contiene leche.

7 **Sigue adelante.** Cuando los dos estéis cómodos, sigue
adelante hasta que ocurra una de las cosas siguientes: la
leche se acabe, el bebé ya no quiera más, o el bebé necesite eructar (ver página 63).

8 **Para.** A veces es necesario despegar al bebé de la tetina
para que pare. Desliza el meñique dentro de la boca del
bebé por el lado de la tetina para interrumpir la succión
y luego podrás sacar sin problemas el biberón de su
boca. También es posible que el bebé pare solo. No es
necesario que el bebé se beba todo el biberón cada vez;
beberá lo que precisa y después se detendrá, tal y como
harías tú.

A veces la tetina se hunde porque la succión del bebé
crea un vacío dentro del biberón. Sácale el biberón de la
boca y desenrosca un poco la anilla para que vuelva a
entrar el aire. La tetina recuperará su forma inicial. Enrosca de nuevo la anilla y sigue desde el paso 5.

Cómo evitar los gérmenes

Es importante mantener la higiene de los utensilios que usamos para alimentar al bebé. Es verdad que en muchas partes del mundo los bebés sobreviven y han sobrevivido siempre sin aparatos para esterilizar (aunque la mayoría de ellos son amamantados). Pero las posibilidades de que el bebé sufra una enfermedad aumentan de forma significativa si no esterilizas, sobre todo en el caso de los recién nacidos. A continuación encontrarás algunas directrices básicas:

- ✔ Lo primero que debes evitar es dar al bebé restos de leche de tomas anteriores, ya que podrían haberse estropeado y contener gérmenes. Limpia a conciencia las tetinas y los biberones, y esterilízalos cada vez.
- ✔ Cuando calientas la leche creas el caldo de cultivo ideal para la aparición de esos malditos gérmenes. Si por alguna razón no utilizas la leche que has calentado, no la guardes para más tarde. Tírala.
- ✔ Aunque todos los utensilios estén esterilizados, no le des al bebé leche que hayas calentado hace más de una hora, ya que los gérmenes habrán tenido tiempo para reproducirse.
- ✔ Puedes guardar la leche (siempre que no la hayas calentado) en la nevera hasta un máximo de 24 horas; te aconsejo que prepares los biberones de la noche antes de irte a la cama.
- ✔ Tira los restos o la leche que no uses al final de la toma.

6. La expulsión de los gases

Seguro que has oído hablar de la expulsión de los gases pero, ¿qué significa realmente? ¿Cuándo se supone que debes hacerlo? ¿Y cómo? La expulsión de los gases es uno de esos grandes misterios que dejan de serlo a los pocos días del nacimiento del bebé.

> Objetivo principal: **eliminar el exceso de aire del interior del bebé**
> Aspecto clave: **no hacer daño al bebé**

Por alguna extraña razón los bebés tragan aire al tomar la leche, aunque tú no se lo suministres y ellos en realidad no lo quieran. Luego deciden que no les gusta, de modo que tratan de expulsarlo. Se sienten como tú cuando te tragas un vaso entero de alguna bebida con burbujas. Sin embargo los bebés, aunque a veces son capaces de eructar de un modo impresionante, con frecuencia necesitan ayuda para conseguir expulsar dichos gases. Sí, la expresión expulsar el aire es una forma elegante de referirnos a los eructos.

Roni Jay

Falso mito
Hacer eructar al bebé es algo opcional

Conocí a una pareja que se sentía muy desgraciada cuando su bebé tenía tan sólo unas semanas de vida. El bebé parecía sano y feliz pero a los pocos minutos de empezar la toma comenzaba a llorar y a gimotear. Aumentaba bien de peso pero nunca parecía tener suficiente, y por otro lado se apartaba continuamente de la leche cuando se la ofrecían. Ambos estaban agotados (como el bebé nunca tenía suficiente, tampoco dormía demasiado) y cada vez estaban de más mal humor el uno con el otro. Cuando les pregunté si no serían gases me contestaron, «bueno, nunca le hacemos eructar. No creemos en esas tonterías».

El proceso

1 **Identifica cuándo tiene gases.** No tiene sentido hacer eructar al pequeño simplemente porque no tienes otra cosa mejor que hacer. Lo necesita o no lo necesita. Debes aprender a distinguir cuándo es necesario. Para empezar, es algo que ocurre durante las tomas o, a veces, al final de la toma. La otra única cosa que puede provocar gases ocasionalmente es un llanto muy prolongado y fuerte. En teoría los niños que maman tienen menos gases, pero es posible que tú des de mamar a tu hijo y te cueste creerlo. Algunos bebés tienen más gases que otros, pero todos tra-

64

gan aire varias veces durante cada toma, les alimentes como les alimentes. Los síntomas son:

– El bebé deja de mamar o de tomar el biberón continuamente
– Empieza a llorar
– Trata de cogerse otra vez como si tuviera hambre, pero enseguida se suelta de nuevo
– Los bordes de su boca pueden ponerse pálidos

2 **Deja de darle leche.** Eso es fácil, porque el propio bebé habrá soltado el pezón o la tetina. Si sigue comiendo sin problemas, todavía no le hace falta eructar. Espera a que él se separe.

3 **Haz eructar al bebé.** ¡Ajá! Ésta es la parte difícil. Si la madre da de mamar, es un trabajo perfecto pare el papá. La mamá podrá descansar un poco y el papá podrá pasar un rato con el bebé y conseguir que vuelva a ser feliz. Puede probar con distintas técnicas:

– A veces basta con poner al niño derecho. El aire siempre va hacia arriba de modo que la idea consiste en proporcionarle una fácil vía de escape hacia arriba.
– Sienta al niño sobre tu regazo y dale palmaditas en la espalda. El propósito es soltar las burbujas de aire que hay en el estómago del bebé y mandarlas espalda arriba. Si le golpeas demasiado flojo no funcionará; obviamente tampoco debes golpearle de forma excesivamente violenta. Deben ser golpes firmes; empieza suave y ve

probando, aumentando poco a poco la intensidad, asegurándote siempre de que no le haces daño.

– Apoya al bebé en posición vertical (la cabeza arriba y mirando hacia ti) sobre tu hombro y dale palmaditas en la espalda. Te aconsejo que pongas un paño sobre tu hombro, que te cuelgue por la espalda, ya que allí es donde irá a parar lo que eche el bebé.

– Puedes tumbar al bebé sobre tu regazo, con la barriga sobre una de tus rodillas y la cabeza sobre la otra, y con la cara mirando hacia fuera (debe poder respirar mientras le haces eructar). Dale golpecitos en la espalda. A veces, esta técnica no funciona, pero al ponerlo derecho el bebé consigue liberar por fin las dichosas burbujas.

– También puedes probar a balancear al bebé adelante y atrás con mucho cuidado. Lo tumbas boca abajo en tu antebrazo, con tu mano mirando hacia arriba y sujetando su cabeza. Utiliza la otra mano para sujetarle el cuerpo y mantenerlo cerca de ti. El suave movimiento puede ayudar a expulsar el aire.

4 **No dejes que el bebé te infunda una falsa sensación de seguridad.** A veces, bastan diez segundos para conseguir que eructe y luego el bebé sigue bebiendo sin problemas. Pero, otras, puede tardar incluso diez o quince minutos en expulsar el aire. En otras ocasiones el bebé eructará una vez sin dar pista alguna de que se trata sólo del primer temblor que anuncia el acontecimiento espectacular que está a punto de tener lugar. Por eso, hacer eructar al bebé

puede resultar ligeramente frustrante, a menos que te lo tomes como un ejercicio agradable en sí mismo. A veces uno acaba pensando que el bebé le está gastando una broma pesada, que le está poniendo a prueba y desafiando a que expulse hasta la última burbuja de aire. Las pruebas médicas, no obstante, indican que en este proceso el bebé es una víctima tan inocente como tú; aun así, a veces tendrás ciertas dudas.

5 **Límpialo todo.** Cuando por fin expulse el aire es muy posible que éste no aparezca solo; lo normal es que salga acompañado de leche. Con frecuencia te parecerá que ha echado más leche de la que había tomado (se trata de una ilusión óptica). Este fenómeno se conoce más comúnmente como «arrojar». La verdad es que los vómitos de los bebés no son tan asquerosos como los de los mayores. Pero aun así deberías poner un babero al bebé y/o tener a mano un trapo.

6 **Sigue con la toma.** Muy bien, has conseguido hacer eructar al bebé y ya puedes seguir con la toma. Si la toma ha terminado, se supone que el bebé debería estar listo para dormir; pero la sesión de eructos seguro que le ha despertado del todo. Es una de esas cosas ilógicas —les pasa incluso a los padres más experimentados, de modo que no te sientas mal por ello. Se supone que la leche debe ayudar a dormir al bebé, pero si tiene gases no se va a dormir; y si haces algo para expulsarlos le despiertas. Si encuentras la solución al problema, házmelo saber. De lo contrario, deberás hacer que se duerma dándole un poco más de leche o con algún otro método.

Expulsar los gases con éxito es una cuestión de práctica. Posiblemente tu bebé responderá mejor a un sistema que a otro. Y cada varias semanas dicho sistema puede cambiar. Algunos bebés se duermen plácidamente sin expulsar los gases.

7. La esterilización

Puedes prescindir de muchos de los utensilios que venden en las tiendas de bebés, pero debes esterilizar bien todos aquellos que utilices para dar la leche artificial al bebé. De lo contrario, las bacterias presentes en los restos de leche que queden en el biberón pueden hacer enfermar al bebé. Una de las ventajas de la lactancia materna es que puedes saltarte este capítulo entero, al menos hasta que el bebé empiece a tomar alimentos sólidos.

> Objetivo principal: liberar de gérmenes todos los utensilios que uses para dar al bebé la leche de fórmula
>
> Aspecto clave: no hacer enfermar al bebé

Debes esterilizar todos los utensilios que uses para alimentar al bebé hasta que éste deje de tomar el biberón. Cuando le destetes (es decir, cuando empieces a introducir los alimentos sólidos en su alimentación), deberás esterilizar también los platos y las cucharas, al menos hasta que tenga aproximadamente un año o hasta que el pediatra te diga que ya no es necesario. Cuando compres las cucharas y los platos debes comprobar que puedan esterilizarse (la etiqueta debe indicarlo).

Falso mito
Debes tener un esterilizador apropiado

De hecho, una cazuela grande con agua hirviendo sirve igual que un buen esterilizador.

El proceso

1 **Lávalo todo.** Lo primero que debes hacer es lavarlo todo tal y como haces normalmente. Los esterilizadores no hacen esa parte por ti (si lo hicieran deberían hacerlos lo suficientemente grandes como para que pudieras meter en ellos todas tus cazuelas y cacharros). Utiliza agua caliente y jabón, y limpia bien todos los rincones y recovecos de las tetinas y los biberones para eliminar cualquier resto de leche. Existen unos cepillos especialmente diseñados para limpiar las tetinas que resultan muy útiles (los encontrarás en los supermercados y en las farmacias), pero también puedes arreglártelas sin ellos. Utiliza agua limpia (no uses la misma agua que acabas de usar para lavar la bandeja del asado).

2 **Acláralo.** El bebé no debe beber agua procedente del lavado de modo que acláralo todo bien antes de esterilizarlo.

3 **Mételo en el esterilizador.** Existen tres métodos básicos para esterilizar y si optas por utilizar un esterilizador propiamente dicho deberás seguir las instrucciones del fabricante.

- **Agua hirviendo.** Si no tienes esterilizador, simplemente mete los utensilios ya limpios en una cazuela grande
con agua y con tapa. Las tetinas y los biberones deben
sumergirse al máximo. Lleva el agua a ebullición y déjala hervir durante 10 minutos largos. Luego deja que se
enfríe sin quitar la tapa.
- **Esterilizadores químicos.** Con este método utilizamos
agua fría y una pastilla o un poco de líquido esterilizador
que se disuelve en ella. La solución debe reemplazarse
con regularidad. Una vez preparada la solución metes en
ella los utensilios —sumérgelos al máximo pero sin que

se formen bolsas de aire— y los dejas ahí el tiempo que indiquen las instrucciones. Quedarán restos de sustancias químicas en los utensilios por lo que luego debes aclararlos bien con agua. Con agua esterilizada, por supuesto, es decir agua que has hervido y dejado enfriar.

– **Esterilizadores a vapor.** Pueden usarse en los fuegos de la cocina o en el microondas; existen también modelos eléctricos que se colocan sobre la encimera y se conectan a la corriente. Todos llevan tapa y funcionan con una pequeña cantidad de agua que va en un depósito colocado en la parte inferior. El agua hierve y hace que los utensilios queden rodeados de vapor caliente. Como el vapor asciende por naturaleza, debes meter los biberones, platos, etc., boca abajo, para que el vapor pueda entrar en su interior.

4 Saca los utensilios. No tienes por que hacerlo de inmediato, pero antes o después deberás utilizarlos. De hecho es mejor que no los saques enseguida o te quemarás (a menos que uses un esterilizador químico). Antes de sacarlos piensa qué vas a hacer con ellos. Si los dejas en algún sitio que no esté limpio deberás volver a empezar y repetir toda la operación. Puedes dejar el biberón sobre una superficie de trabajo limpia mientras preparas la toma siguiente. Pero si dejas la tetina sobre la tabla de cortar que acabas de usar...ya sabes, tendrás que volver a empezar. En caso de duda, coloca los utensilios sobre un trozo de papel de cocina limpio.

No tienes por qué sacar los utensilios de la cacerola o del esterilizador hasta que los necesites. Sin embargo, no puedes

dejarlos ahí indefinidamente y esperar que permanezcan esterilizados durante varios días. A modo de guía, intenta esterilizar dos veces al día, para que las cosas sólo estén en el esterilizador durante algunas horas. Dado que en la mayoría de
esterilizadores caben un máximo de seis biberones, y que tu
bebé al principio probablemente comerá como mínimo ocho
veces, me parece un número de veces bastante razonable.

8. El cambio de pañal

Los bebés, al igual que el resto de los humanos, deben realizar sus funciones excretoras. En cuanto tengas al bebé puedes referirte a ellas usando las expresiones de hacer pipí y hacer popó. Afortunadamente, dichas excreciones suelen quedar atrapadas en el pañal, un invento flexible e impermeable, casi siempre, que se coloca ingeniosamente alrededor del culito del bebé. Existen distintos modelos pero en lo básico son todos iguales. Todos los bebés hacen pipí y caca, y todos alguna vez hacen más de la cuenta. Lo importante, no obstante, es cambiar el pañal cada cierto tiempo por otro de limpio. Si desprende un fuerte olor a caca es un buen momento para hacerlo.

> **Objetivo principal:** sustituir el pañal sucio por otro limpio
>
> **Aspecto clave:** dejar los excrementos en el pañal sucio en vez de redistribuirlos por el bebé

Tu objetivo es mejorar el nivel general de higiene del bebé, de modo que la ceremonia no tiene sentido si todo el mundo termina cubierto de caca. Eso puede suceder a mitad del proceso; es algo perfectamente normal. Lo importante es que sigas hasta haber limpiado la mayor parte.

El cambio de pañal

Falso mito
Una vez aprendes, el cambio de pañal
es coser y cantar

No te lo creas; hará que te sientas un inútil. Es verdad que con la práctica te parecerá más sencillo. Pero de vez en cuando tu bebé llevará un pañal que constituirá un verdadero reto. Incluso los padres más experimentados y hábiles acaban cubiertos de caca alguna que otra vez.

Las opciones

Vale la pena hacer hincapié en la desconcertante cantidad de opciones con las que deben enfrentarse los padres. Lo más difícil de todo es la elección de los pañales propiamente dichos. ¿Debes comprar los que se pueden volver a utilizar o los desechables? En realidad se trata de una pregunta con trampa. Y es una pregunta con trampa porque *no existe una respuesta correcta*. De modo que no te estrujes demasiado los sesos. Puedes preguntar a otros padres y leer sobre ello, pero al final debes escoger los que a ti te parezcan mejor. Lo importante es que ambos realizan la misma función, y que ambos la hacen bien. A continuación encontrarás una guía rápida con las principales características de ambos tipos:

✔ Reutilizables. De entrada debes gastar más dinero porque tienes que comprar bastantes de golpe. Con el tiem-

po, sin embargo, salen más baratos (a menos que enseñes a tú bebé a ir al baño con pocos meses de edad, algo que no suele ser habitual). Y sin duda resultan más baratos si los guardas para el hijo siguiente, pero ¿de verdad piensas hacerlo? En cuanto a los contras, piensa que deberás lavarlos antes de poder volver a utilizarlos. Si ese tipo de cosas te dan náuseas seguramente te parecerá algo asqueroso; y además te quitará mucho tiempo.

✔ **Desechables.** Con el tiempo resultan mucho más caros, pero te gastas el dinero poco a poco, de modo que quizá no lo notes. No son buenos para el medio ambiente (tardan años en descomponerse en los vertederos de basuras); incluso los llamados ecológicos son peores para el entorno que los reutilizables. Por otro lado, ahorras en agua y energía porque no tienes que lavarlos. Con éstos es más difícil que haya un escape o que al bebé se le irrite el culito. Son fáciles y cómodos de usar, y se «desechan» sin problemas (de ahí el término «desechables»).

Una vez hecha esta elección básica, sigue existiendo una gran variedad de modelos entre los que elegir. En este punto no puedo ayudarte. Todo lo que puedo decirte es que no existen grandes diferencias entre unos y otros, y que el bebé no está en condiciones de quejarse a causa de tu elección, de modo que prácticamente cualquiera sirve.

La otra gran elección que deberás realizar es si limpias a tu bebé con toallitas o con agua y algodón. Con las toallitas es más sencillo pero a algunos niños les hacen reacción. El algodón y el agua templada son totalmente inocuos, y más baratos, aunque también ligeramente más problemáticos. Una vez más, a menos que tu bebé sufra alguna reacción negativa a causa de las toallitas, tú eres quien debe elegir.

Los utensilios

✔ **Un lugar.** Debes cambiarle el pañal en algún sitio. Muchos padres optan por tener un lugar destinado a ello, tal vez el dormitorio o el baño, pero en realidad puedes cambiarle en cualquier sitio. Si lo deseas puedes incluso cambiarle en un lugar distinto cada vez (está claro que la rutina del pañal puede soportar un poco de variedad). La mayoría de padres utilizan un cambiador o alguna variación del mismo. No es necesario, aunque puedes tenerlo si lo deseas. Pero también puedes extender una toalla y colocar al bebé encima, para que no se enfríe y esté cómodo (a los bebés no les gusta ni sentir frío ni estar incómodos). Si se mancha de caca puedes dejarla directamente con la ropa sucia (la toalla, claro).

✔ **Algodón hidrófilo o toallitas.** No te dejes impresionar por unos cuantos cambios de pañal fáciles. De vez en cuando necesitarás la mitad del paquete de toallitas o un montón de algodón para conseguir limpiar bien al bebé.

✔ **Pañales limpios.** Para la explicación siguiente, doy por sentado que utilizas pañales desechables. Si usas de los reutilizables deberás seguir las instrucciones del fabricante para doblar, abrochar y desabrochar ese modelo en concreto. No esperes que el bebé recuerde cómo lo hiciste la última vez. Uses los que uses, al principio deberás cambiar el pañal entre 6 y 8 veces al día, mientras que cuando ya tenga unos meses bastará con que lo hagas entre 3 y 4 veces (cuando empiezan a ingerir alimentos sólidos suelen hacer caca menos veces).

✔ **Bolsas para pañales.** Son completamente opcionales, pero evitan que el olor se propague. Si metes los pañales sucios en una bolsa antes de tirarlos a la basura, el cubo de la basura no olerá mal (también van muy bien en el caso de los restos de cebolla). Si quieres ahorrar, y salvar el planeta, utiliza bolsas de plástico usadas del supermercado.

✔ **Paño o trapo para limpiar.** Es para las emergencias (ver más adelante).

Unas palabras acerca de las cremas. Algunas personas ponen lo que llaman una crema barrera o capa protectora en el culito del bebé antes de ponerle el pañal limpio. Se supone que debe evitar que el pis y la caca toquen la piel del bebé y se la irriten. En realidad, en el caso de los pañales desechables no debes usarla de forma rutinaria ya que impide que el pañal absorba la orina dejándola lejos de la piel. De todos modos como en el capítulo siguiente trataré el tema de los culitos escaldados, y dado que no es necesario usar crema de forma habitual, no lo incluiré en la guía que encontrarás a continuación sobre el cambio de pañal.

El proceso

1 **Prepáralo todo.** No sabes lo mucho que te arrepentirás si abres un pañal lleno de cacas líquidas y de repente te das cuenta de que no tienes toallitas a mano (cuando digo «toallitas» me refiero a toallitas o a algodón y agua). Puedes volver a ponerle el mismo pañal, pero no es una buena idea. Cuando vuelvas a abrirlo el problema será aún mayor. Así pues, ten preparadas las toallitas, la bolsa para meter el pañal sucio y pañales limpios.

2 **Coge al bebé.** Este proceso precisa un bebé, de modo que ve y cógelo. Colócalo en el lugar escogido para cambiarle. Debes ponerlo boca arriba. Por cierto, en cuanto tenga unos meses lo primero que hará cuando desabro-

ches el pañal lleno de caca será meter las manos en él. Cuando llegue este momento, parte de la preparación consistirá en ponerle algo interesante y que le absorba en las manos para tenerle entretenido (he dicho que le absorba, no absorbente).

3 **Quítale las prendas de ropa que necesites quitarle.** De entrada no puedes ver el pañal y mucho menos llegar hasta él. Eso se debe a que el bebé lleva ropa encima de él. Quítale todas las prendas que necesites para poder acceder cómodamente al pañal. No le quites las prendas que no hagan falta; la vida es demasiado corta. Es mejor que le quites los zapatos ya que es más fácil quitar restos de caca de unos pies que de unos zapatos.

4 **Desabrocha el pañal.** Tira hacia abajo la parte de delante y mira dentro con cuidado para ver lo que te espera. Si fuera necesario, vuelve a levantar la parte de delante y abróchala mientras reúnes las fuerzas necesarias para seguir adelante. Cuando estés preparado, vuelve a bajar la parte de delante usándola de paso para arrastrar toda la caca que puedas. Ésta debe ir a parar a la parte superior interna del pañal, por lo que sigue controlada, al menos por el momento.

5 **Levanta el culito del bebé.** Debes levantarle el culito para poder llegar bien a todas partes. Cógele ambos tobillos con una mano y súbelos hacia arriba (siempre debes tratar a los bebés con mucho cuidado; pueden ser muy frágiles). Las piernas se elevarán y por tanto también lo hará el culito.

6 **Limpia bien la caca o el pipí.** Coge las toallitas y limpia bien la piel del bebé. Aunque no haya caca pueden quedar

restos de pipí (sí, ya sé que es invisible), así que límpiale bien para que su piel no se irrite. Puedes necesitar entre 1 y 30 toallitas, pero normalmente se usan menos de 10. Cuando una toallita esté sucia, déjala sobre el pañal usado.

7 **Comprueba que esté completamente limpio.** Los bebés saben hacer muy pocas cosas al nacer. No saben andar, ni hablar, ni siquiera saben masticar chicle. Sin embargo son capaces de mancharse de caca las piernas, la espalda e incluso la barriga. De modo que comprueba que no queda ningún resto de caca, y que has limpiado todos los rincones y recovecos. (Si la cosa se pone realmente fea, olvida el cambio de pañal, desnuda al niño del todo y lávalo en la bañera —ver página 89.)

8 **Quítale el pañal.** Cuando hayas terminado (o estés a medias en el caso de que tengas que usar muchas toallitas) debes retirar el pañal de debajo del bebé. Debes volver a levantar el culito del bebé tirando de sus piernas hacia arriba, enrollar el pañal sobre sí mismo un poco para que la caca y las toallitas sucias queden dentro, y luego con habilidad apartarlo rápidamente. Si utilizas pañales desechables, vigila que las cintas adhesivas de la parte superior no se peguen a la piel del bebé, de lo contrario el pañal no se moverá y la caca puede acabar esparcida por una zona muy amplia. Suelta siempre primero las cintas adhesivas.

9 **Ponlo a buen recaudo.** Acaba de enrollar el pañal sobre sí mismo y ciérralo con la ayuda de las cintas adhesivas. Mételo en una bolsa de plástico, si tienes pensado usarla, y átala. Por fin puedes respirar tranquilo.

10 (opcional) **Vuelve a limpiar al bebé.** Es posible que el bebé espere a que retires del todo el pañal para hacer un poco más de pis o caca. Es algo que suelen hacer —tenerlo todo al aire hace que les entren ganas de mear. En ese caso, repite los pasos 5 a 10, y anota mentalmente que la próxima vez debes ponerle el pañal limpio lo antes posible. Si el bebé orina mientras no lleva pañal deberás usar el paño para las emergencias (especialmente si el bebé es varón, ya que su pis sale disparado hacia arriba). Sujeta el paño firmemente sobre el chorro de pis hasta que cese.

11 (Opcional) **Recoge al niño del suelo.** Otra cosa que puede suceder mientras te giras es que el bebé se caiga rodando de la mesa. Eso está mal. Muy mal. Cuando son pequeños los bebés no pueden hacer dicha proeza, pero a partir de los tres o cuatro meses algunos ya son capaces de hacerla. Existen varias soluciones para evitarlo; puedes sujetar al bebé con una mano mientras con la otra te deshaces del pañal, o puedes optar por una técnica de lo más sencilla: cambiar al bebé en el suelo.

12 **Pon un pañal limpio al bebé.** Antes de hacerlo, comprueba que lo pones correctamente. Las cintas adhesivas van en la parte que se desliza bajo el bebé, y el pañal suele llevar algún dibujito para que sepas cuál es la parte exterior. (Si utilizas pañales reutilizables, no puedo ayudarte.) Desliza la parte posterior del pañal debajo del culito del bebé; utiliza la técnica de levantarle por los tobillos. El borde superior del pañal debe quedar a la altura de su cintura. Baja las piernas y pasa la parte delantera del pañal entre éstas, de modo que la parte superior de este

lado también quede a la altura de la cintura. Sujeta la parte de delante con una mano, despega las cintas adhesivas, acércalas por los lados hacia delante y pégalas en la parte delantera del pañal, primero una y luego la otra.

13 **Vuelve a colocarle la ropa.** No olvides volver a ponerle la ropa o, en el caso de que esté para lavar, de ponerle ropa limpia. Bien hecho; ahora tienes entre 2 minutos y cuatro horas para tener que repetir todo el proceso.

9. Qué hacer si tiene dermatitis del pañal

La dermatitis del pañal se caracteriza por una irritación de la piel, que aparece rojiza y con granitos; se manifiesta tanto por el culito como por los pliegues que forma la piel en la parte superior de las piernas. Es fácil detectarla pero lo que aquí pretendemos es conseguir eliminarla.

> Objetivo principal: **eliminar la irritación**
> Aspecto clave: **conseguir que el bebé esté a gusto y feliz**

Para el bebé la dermatitis del pañal es desagradable pero no peligrosa. De hecho, los bebés a menudo aguantan sin quejarse estando considerablemente escaldados, excepto cuando les cambias el pañal, algo que les resulta muy desagradable. Eso no significa que debas ignorarlo; simplemente que no hace falta que te preocupes más de cuenta.

Falso mito
Si tu bebé tiene dermatitis del pañal
es que no le cuidas bien

Si eso fuera verdad todos los padres deberíamos preocuparnos ya que son muy pocos los bebés que jamás han tenido dermatitis del pañal. Es cierto que si tienes desatendido constantemente al bebé —aunque sólo sea en lo que respecta al cambio de pañal— es fácil que acabe teniendo dermatitis del pañal. No obstante, incluso los bebés de los padres más diligentes y experimentados sufren esta dolencia alguna vez.

Las causas

La dermatitis del pañal surge cuando el culito del bebé se airea muy poco y a la vez está demasiado húmedo y con demasiadas sustancias químicas de las que están presentes en la orina y en las heces (éstas en mayor cantidad, si el bebé toma leche artificial en lugar de leche materna). De hecho la combinación de estas dos resulta especialmente favorable para irritar la piel; una de las razones por las que debes cambiarle el pañal enseguida cuando se haga caca (la otra razón es que no podrás soportar el olor ni un minuto más).

En este sentido los pañales desechables son mejores, ya que absorben la humedad y la alejan de la piel. Pero también puedes reducir el riesgo de contraer dermatitis del pañal con los reutilizables: simplemente cambia más a menudo el pañal.

Si lo piensas un poco te darás cuenta de que el cuerpo humano no está diseñado para tener la orina y la caca pegada al cuerpo con un artilugio hermético, de modo que no debe extrañarnos que el uso del pañal pueda provocar algún que otro problema. Lo que debemos hacer nosotros es minimizar sus posibles efectos: airear más la piel y no dejar que el pis y la caca —y muy especialmente ambos combinados— estén en contacto con la piel durante períodos prolongados.

Si adviertes la dermatitis muy al principio podrás acabar con ella en tan sólo unas horas. Si se convierte en un problema serio (y puede ocurrir sin que te des cuenta) te llevará varios días. Pero incluso en este último caso notarás la mejoría en tan sólo unas horas.

El proceso

1 **Detecta la dermatitis del pañal.** Cuando le cambies el pañal mira si tiene la piel roja. Si está muy escaldado te darás cuenta enseguida, pero si consigues detectarla cuando está empezando podrás acabar con ella antes. Aparte de la rojez ocasional causada por llevar el pañal demasiado apretado, que desaparece rápidamente, casi todos los casos de rojez, inflamación o erupción en la zona del pañal se deben a la dermatitis del pañal; tan sólo puede confundirse con un afta genital. (Dicho esto, si el problema persiste, o si temes que pueda tratarse de otra cosa, por supuesto debes acudir al médico.)

2 **Limpia a conciencia el culito del bebé.** Si utilizas toallitas es posible que le escueza. Si el bebé se queja, utiliza

algodón y agua templada para limpiarle. Piensa que hay que eliminar cualquier resto de orina, de modo que límpiale de todos modos, aunque parezca que no hay suciedad. También resulta útil bañar al bebé (ver página 89), aunque no es obligatorio. Servirá para limpiarle y a la vez le aliviará.

3 **Deja que le dé el aire.** Es lo que más ayuda. Así pues, déjale con el culito al aire todo el tiempo que puedas. Sé listo. Si no lleva pañal no hay forma de capturar de forma eficaz todo aquello que salga de sus partes bajas. Colócalo sobre una sábana impermeable, o si hace buen tiempo túmbalo a la sombra en el jardín, o encuentra algún otro modo de anticiparte a lo inevitable. Siempre puedes tapar las zonas más peligrosas con una tela holgada.

4 **Valora si debes usar una crema específica.** Si se trata de un caso leve, probablemente bastará una buena sesión de aireamiento para solucionar el problema. Pero si es un caso más grave es posible que debas aplicarle alguna crema. Puedes comprar una crema específica para dicho problema o, si persiste, ir al médico para que te recete algo más fuerte. Si la dermatitis no desaparece no dudes en acudir al médico o al pediatra.

5 **Ponle un pañal limpio.** Antes o después tendrás que volver a ponerle un pañal. Tú tendrás que salir o será la hora de la toma o al bebé le apetecerá echar un sueñecito. Si utilizas pañales reutilizables, te ayudará usar una crema que proteja el culito de tu bebé. En el caso de los pañales desechables no sólo no es necesario sino que además haría que éstos fueran menos eficaces, puesto que ya llevan sus propios aceites protectores.

6 **Cambia el pañal con frecuencia.** Sí, me temo que esta ocupación que se encuentra entre las favoritas de los padres deberá hacerse más a menudo. Cuanto más frecuentemente le cambies el pañal, antes se le curará la irritación. A modo de guía, cámbiaselo después de cada toma y siempre que tu nariz te indique que debes hacerlo.

10. La hora del baño

Antes o después descubrirás que el bebé tiene algo de suciedad alrededor de las orejas, o entre los dedos de los pies. Llegado ese momento te dirás a ti mismo, «debería dejarle más limpio de lo que está ahora. Me pregunto cómo voy a conseguirlo». La respuesta es dándole un baño.

> Objetivo principal: **limpiar al bebé**
> Aspecto clave: **no ahogarle**

Mientras el bebé salga vivo de la experiencia, y tan sano como empezó, es que lo has hecho bien. Si además sale más limpio de lo que había entrado, le habrás bañado con éxito. El resto no es más que la guinda que corona la tarta. Por ejemplo, si todo él sale más limpio que cuando ha entrado, no sólo ciertas partes de su cuerpo, es que eres realmente genial.

Falso mito
Tu bebé necesita una bañera especial

Eso es una tontería. Puedes bañarle perfectamente en el fregadero o pila (vigila sólo que no se golpee la cabeza con los grifos), en un balde o en cualquier otro objeto limpio donde quepa y que pueda llenarse de agua.

El proceso

1 **Prepara la bañera.** Lo primero que debes hacer es preparar la bañera. Si preparas al bebé primero luego no sabrás dónde dejarle mientras te ocupas de la bañera. No es que importe demasiado, pero si no quieres que se orine por todas partes tendrás que acabar poniéndole de nuevo parte de la ropa. Algo inofensivo pero absurdo.

2 **Pon el agua a la temperatura adecuada.** El agua no debe estar ni demasiado fría ni demasiado caliente. Los bebés son más sensibles a la temperatura que los adultos. Puedes sumergir el codo en el agua si crees que eso sirve de algo. También puedes usar el sentido común: debe estar templada.

3 **Prepara el resto de cosas que vas a necesitar.** Prepara algo para lavarle —jabón o champú, o lo que sea. Es más fácil optar por algo que puedas manejar con una sola mano, como el jabón líquido. El pelo del bebé puede lavarse perfectamente con un poco de gel, y su piel con un poco de champú, de modo que no te obsesiones demasiado con eso. Si has olvidado preparar tanto el gel como el champú, lávale sólo con agua. Nadie se dará cuenta.

4 **No olvides la toalla.** Luego prepara lo que vas a necesitar después de bañarle: una toalla, un pañal limpio y ropa de recambio. No tienes por qué usar polvos de talco, pero si te hace feliz úsalos. Piensa que incluso en el caso de que olvides preparar todo esto habrás conseguido el objetivo principal (asear al bebé) y el aspecto clave (no ahogarle),

de modo que lo estás haciendo bien; pero ten en cuenta que el bebé podría enfriarse mientras vas en busca de la toalla.

5 **Prepara al bebé.** Desnuda al bebé por completo. De lo contrario habrá partes de su cuerpo que no quedarán bien limpias. Como es natural, el bebé preferirá que le quites la ropa en una habitación adecuadamente caldeada.

6 **Coge al bebé.** Sigue las instrucciones que aparecen en uno de los capítulos anteriores (página 31) y no lo sueltes. Esto último es para que no se ahogue. Mientras no le

sueltes es imposible que se ahogue. Si tienes que salir del baño por algo, para coger el teléfono por ejemplo, lleva al bebé contigo. O simplemente no cojas el teléfono. Es una cuestión de prioridades: ¿ignorar el teléfono o dejar que el bebé se ahogue? Piénsalo bien.

7 **Lávale el pelo.** La forma más habitual de hacerlo es sosteniendo al bebé con un brazo fuera del agua, por ejemplo envuelto en una toalla (si no te importa que te orinen encima), y bajándole la cabeza hasta que quede cerca del agua (cerca, no debajo). Debe estar boca arriba, mirándote a ti. Lávale el pelo con la mano que tienes libre. La ley de la gravedad impedirá que el agua le caiga en la cara. Si te has acordado de preparar el champú, mejor. Basta con un chorrito —no existe una cantidad exacta.

8 **... O no.** Si te das cuenta de que se te ha olvidado lavarle el pelo una vez le has metido en la bañera, no te preocupes. Siempre habrá una próxima vez; o puedes improvisar con el niño dentro del agua.

9 **Lava al bebé.** Aclárale el pelo, ponlo derecho y métalo en la bañera (acuérdate de quitarle la toalla). No lo sueltes. Coloca un brazo por detrás de su espalda y con la mano cógele por debajo el brazo que te queda más lejos; así tendrás una mano libre para lavarlo. Si usas una bañera para bebés es posible que esta parte te resulte extremadamente resbaladiza. Si usas la pila o un balde te resultará mucho más fácil.

10 **Sácalo.** Cuando acabes de limpiarlo, sácalo del agua. Sabrás cuándo ha llegado el momento porque o bien el bebé empezará a llorar (si es que ha parado de hacerlo en

algún momento) o bien empezará a dolerte el brazo; o simplemente te aburrirás. El objetivo es lavar al bebé, de modo que si crees que está más limpio que antes, ya puedes parar.

11 **Sécalo y vístelo.** Enrolla la toalla alrededor del bebé. Cuando esté seco puedes vestirlo. Si no te apetece secarle todos los pliegues y recovecos, deja que se seque solo enrollado en la toalla. Mientras lo tengas cogido estará a gusto. Y créeme, pocas cosas son tan gustosas como sujetar a un bebé recién salido del baño y envuelto en una toalla. Felicidades: has conseguido bañar con éxito al bebé.

11. Cómo vestir al bebé

A menos que vivas en un país muy caluroso, o que seas un naturista redomado y dispongas de calefacción central en casa, deberás vestir al bebé. El objetivo de este ejercicio es conseguir que el bebé esté cómodo, y que no tenga ni demasiado frío ni demasiado calor.

> Objetivo principal: **conseguir que el bebé no tenga frío**
> Aspecto clave: **no romper al bebé**

En contra de lo que cree la mayoría de la gente, puedes vestir a los niños de rosa y a las niñas de negro (si consigues encontrar ropa de ese color); de hecho puedes ponerle al bebé cualquier prenda; lo importante es que con ella no tenga frío y que le resulte cómoda. A los bebés les importa un bledo la moda, así que puedes optar por el estilo que a ti te guste; y lo fantástico es que no tendrás que aguantar ni una sola queja.

Falso mito
Los bebés deben llevar camiseta interior

Parece algo sacado de los años treinta. Está claro que pueden prescindir de las camisetas. Los bebés humanos son capaces de salir adelante sin ellas. Las camisetas pueden resultar muy útiles, y muchos padres optan por usarlas, pero también son muchos los bebés felices que jamás las han usado.

La elección de la ropa

No tengo ni idea acerca de tus gustos personales en relación con la ropa infantil, ni soy quién para decirte lo que debes y lo que no debes comprar. Sin embargo, creo que te resultará útil tener en cuenta los puntos siguientes:

✔ Existen varias tallas: recién nacido, hasta 1 mes, 0-3 meses, etc. Si tu bebé está dentro de la media o es más bien grande, piensa que cualquier prenda que esté por debajo de la talla 0-3 meses se le quedará pequeña enseguida. Si no te apetece gastarte una fortuna, escoge prendas que vayan a valerle, según la etiqueta, hasta los tres meses (a menos, claro está, que sepas que tu bebé va a ser muy pequeñito).

✔ Para que sea fácil ponerlas y quitarlas, las prendas deben tener un cuello elástico que haga cómodo pasarlas por la cabeza (siempre que se pongan por ahí).

✔ Los petos y los pijamas de una pieza deben llevar cierres en la entrepierna. De lo contrario deberás quitárselo entero —brazos y demás— cada vez que quieras cambiarle el pañal.

✔ Si no puede lavarse a máquina no vale la pena comprarlo.

✔ Todas esas guías en las que aparece la cantidad de cada cosa que vas a necesitar suelen ser bastante acertadas. A menos que quieras pasarte el día lavando, necesitas varias mudas de todas las prendas básicas. Habrá días que el bebé use sólo un conjunto, pero habrá otros que vomitará varias veces seguidas y manchará unas cuantas partes de arriba, o que sufrirá varios escapes del pañal y necesitará que le cambies varias veces de arriba abajo.

✔ No compres nunca, nunca, nunca prendas que haya que planchar.

Instrucciones básicas

Es muy posible que te dé miedo hacer daño al bebé. No te preocupes; limítate a seguir estas instrucciones. Está claro que debes tener cuidado, pero los bebés sobreviven bastante bien en todo el mundo a la experiencia de ser vestidos y desvestidos, y el tuyo no tiene por qué ser una excepción.

✔ Comprueba que no le doblas hacia atrás ninguno de los deditos.

✔ Ten en cuenta cómo se doblan las distintas articulaciones de los humanos y no esperes que tu bebé las doble de otro modo.

✔ Debes actuar con suavidad pero seguro. Si vas despacio el bebé tendrá tiempo de quejarse antes de que el daño sea más grave (aunque si vas excesivamente despacio es posible que llore de aburrimiento).

El proceso

1 **Prepara la ropa.** Antes de empezar, pon en un mismo lugar todas las prendas que vayas a usar. Escoge un sitio seguro y cómodo, desde el cual el bebé no pueda caerse rodando.

2 **Coge al bebé.** El otro ingrediente clave para poder realizar este ejercicio es el bebé propiamente dicho, de modo que ve a buscarle.

3 **Tumba al bebé.** Túmbalo boca arriba. Si vas a ponerle un pijama de una pieza (uno de esos que se abre de arriba abajo por la parte delantera y lleva cierres por todas par-

tes), desabróchalo del todo, extiéndelo bien y coloca al bebé encima.

4 **Sácale la ropa que lleva.** A menos que se trate de añadir alguna prenda encima para salir, primero deberás sacarle la ropa que lleva. Desabrocha todos los cierres, cremalleras y lazos. Luego desliza una mano dentro de la prenda y hazla bajar por una de las mangas o perneras. Cuando tu mano llegue al final, coge la extremidad que encuentres ahí —la mano o el pie— y condúcela fuera de la manga o pernera. Repite dicha operación con todos los miembros que haga falta, hasta que consigas sacarle la ropa al bebé. En cuanto los brazos y las piernas estén libres, desliza la prenda hacia el cuello (si es por allí por donde debes sacarla) y luego retírala por la cabeza tirando desde la parte de delante; si es posible evita que toque la cara del bebé. Si intentas sacar la prenda tirando desde atrás, ésta puede quedarse atascada en la barbilla del bebé. Así pues, trata de sacarlas siempre desde delante. Llegado este punto el bebé debería estar desnudo.

5 **Cámbiale el pañal (opcional).** Ya que has llegado hasta aquí puedes aprovechar y cambiarle el pañal (a menos que acabes de hacerlo).

6 **Viste al bebé.** Dependiendo de la prenda que vayas a ponerle deberás hacerlo de un modo u otro. Aquí encontrarás la técnica que debes usar con las prendas más habituales. Antes de utilizar la prenda, comprueba cómo se pone.

– **Prendas que se ponen por la cabeza.** Abre todo lo que puedas la abertura del cuello y desliza la prenda hacia abajo por la cabeza del niño; intenta no tocarle la cara ya que probablemente no le gustará. Vuelve a apoyar la cabeza del bebé con cuidado; no la dejes caer. Una vez pasada la cabeza debes introducir las extremidades en la prenda. Mete la mano por la manga desde el extremo «equivocado» (es decir, por el extremo por donde al final saldrá la mano del bebé) y coge la mano del bebé. Condúcela suavemente por la manga hasta fuera.

– **Prendas como los pijamas de una pieza, los buzos y los abrigos.** Tumba al bebé encima de la prenda y coloca las piernas y los brazos dentro de las mangas y las perneras tal y como se indica más arriba. En el caso de los pijamas, métele primero los pies y luego abrocha los cierres (si es uno de esos con corchetes por todas partes, abrocha todos los que puedas).

– **Pantalones cortos y largos, faldas.** Coloca al bebé a la misma altura que la prenda. Mete la mano por el extremo «equivocado» de las perneras (o por la parte inferior en el caso de las faldas) y agarra uno de los pies (o ambos en el caso de las faldas). Deslízala hasta sacarlo por la abertura. Para subir el pantalón o la falda cógele por los tobillos para que le quede el culito levantado (el bebé debe estar boca arriba); luego sube la prenda con cuidado hacia arriba.

12. Cómo conseguir que deje de llorar

Los bebés lloran. Es lo que tienen. En realidad no deberíamos tomárnoslo mal, después de todo es lo único que saben hacer mejor que nosotros. Quizás te preguntes por qué tienen que emitir un sonido tan desagradable, en vez de algo parecido, pongamos, al arrullo de las palomas o al ronroneo de los gatos. La respuesta es obvia: deben hacer un sonido realmente irritante ya que de lo contrario no dejarías la cama calentita a las tantas de la madrugada para ponerle remedio.

> **Objetivo principal: conseguir que el bebé deje de llorar**
>
> **Aspecto clave: conseguir que vuelva a estar contento**

Los bebés lloran cuando algo va mal. Todo lo que tienes que hacer es averiguar qué es lo que va mal, y arreglarlo. Entonces el bebé dejará de llorar. De acuerdo, no siempre es así de fácil, pero muchas veces sí.

Falso mito
No debes dejarle llorar porque podrías causarle algún trauma

Por regla general, no tiene sentido dejar llorar al bebé. Lo más probable es que no pare hasta que soluciones el problema —por ahora no es muy probable que solucione sus propios problemas y se serene él solo— de modo que si quieres que cese el ruido deberás hacer algo al respecto y es mejor que lo hagas ya. Normalmente es mejor para el bebé obtener una respuesta rápida porque de ese modo sabe que le importas. Pero a veces uno no puede atender al bebé tan rápido como de costumbre. Puedes estar atendiendo una llamada vital (que ha despertado al bebé) o se te acaba de derramar una botella de vino tinto sobre la alfombra blanca. No te preocupes: el bebé no sufrirá daños psicológicos irreversibles porque de vez en cuando tardes unos minutos en atender sus necesidades, y no eres un mal padre por hacerlo.

El proceso

Tan sólo conseguirás que el bebé deje de llorar cuando descubras la razón por la que llora y le pongas remedio. Si tienes delante un bebé que llora a moco tendido, y no tienes experiencia alguna, tratar de averiguar por qué llora te parecerá algo tan complicado como encontrar una aguja en un pajar. Pero en realidad es más fácil de lo que parece porque tan sólo hay tres cosas que provocan el llanto. Sí, así de fácil. Considera estas tres cosas y encontrarás la respuesta. ¿Qué cuáles son?

Hambre

Todos los bebés lloran cuando tienen hambre y, personalmente, lo entiendo perfectamente. El hambre es muy mala y es normal que un bebé proteste si está hambriento. Estamos acostumbrados a ser educados y correctos pero, dime la verdad, ¿no te molesta tener que esperar la comida? Creo que deberíamos imitar a los bebés y empezar a protestar por ello.

En fin. Si el bebé tiene hambre, dale de comer. Si piensas que podría tener hambre, intenta darle de comer. Si lloraba por eso, fin del problema.

Incomodidad

Hay cosas que hacen que el bebé esté incómodo; puedes comprobar si son la causa del llanto. Considera especialmente:

✔ Los gases (ver página 63).
✔ La dermatitis del pañal (ver página 84).
✔ La temperatura. Los bebés toleran una abanico razonablemente amplio de temperaturas, pero se quejarán si tienen demasiado frío o calor. Comprueba si ésa es la causa.

Si piensas que el bebé podría estar enfermo, o si el llanto es claramente distinto y parece más disgustado que de costumbre, ve al médico.

Cómo conseguir que deje de llorar

Cansancio

No se sabe muy bien por qué un bebé cansado no puede simplemente dormirse en vez de montar un escándalo (pero ver
página 113). Sin embargo, el llanto quejumbroso suele ser
indicio de cansancio y si falta poco para la hora de la siesta es
fácil que el problema sea que necesita dormir un poco. Otras
pistas, como los bostezos, pueden ayudarnos a saber que se
trata de cansancio (si bosteza el **bebé**, no tú. Que tú bosteces
es algo perfectamente normal y puede ocurrir en cualquier
momento cuando tienes un bebé pequeño).

Es posible que al bebé se le haya metido en la cabeza que
no se dormirá hasta que no esté en uno de los lugares donde
suele dormir. Por ejemplo la cuna, o la sillita del coche, o tus
brazos, o cualquier otro lugar en el que esté acostumbrado a
dormirse desde que nació. De modo que ponlo en uno de
esos sitios y dale la oportunidad de dormirse.

O...

La verdad es que existe una cuarta posibilidad: el mal
genio. Estoy segura de que los especialistas en temas infantiles te dirán que ésta no es nunca la razón, y probablemente
tengan razón, pero a veces uno no encuentra otra causa.
Cuando un bebé no tiene hambre, ni está cansado, ni le duele
nada, no suele llorar; pero a veces ocurre. He aquí algunas
ideas para tratar de apaciguarle:

✔ Abrázale y cálmale.
✔ Si lo usas, ponle el chupete. Por cierto, si tienes dudas
  acerca del chupete, piensa que es fácil quitarle el vicio al

bebé siempre que se lo quites antes de los seis meses. Así pues, puedes usarlo sólo durante los primeros meses. Además, es más fácil quitarle el chupete que la costumbre de chuparse el dedo.

- ✔ Mécelo suavemente.
- ✔ Cántale o ponle algo de música.
- ✔ Mételo en el coche y llévale a dar una vuelta.
- ✔ Sácalo a la calle. Muchos niños se calman en cuanto pisan la calle (no es recomendable en plena ventisca, monzón o tormenta eléctrica, o si te encuentras en el círculo polar ártico).

A medida que crezca el bebé encontrará nuevas razones para llorar. A las pocas semanas, por ejemplo, puede llorar porque se aburre o simplemente porque quiere que le hagas compañía. Más adelante llorará de frustración, por ejemplo porque no puede alcanzar algo. No obstante, para entonces tendrás tanta experiencia como el bebé e identificar el problema te parecerá más fácil. A veces la causa seguirá siendo simplemente el mal genio, pero no te preocupes; porque cada vez serás más hábil detectando las pequeñas diferencias que distinguen un llanto de otro. En cuanto empiece a berrear dirás con seguridad, «Ah, se le ha caído el sonajero. Mmm, sí... a juzgar por el llanto diría que se ha caído por el lado izquierdo de la cuna».

Tan sólo una advertencia. No intentes practicar esta habilidad recién descubierta con un bebé ajeno. El llanto de los bebés ajenos seguirá siendo para ti un verdadero misterio, como hasta ahora.

Cómo controlar una crisis

A veces un bebé llorar y llora sin parar. Quizás tiene un problema grave de gases, o quizá tiene cólicos. Quizás simplemente es que se queda siempre con hambre. Sea cual sea la causa, es posible que llegues a un punto en el que empieces a perder el control y temas acabar haciendo daño al bebé para conseguir que se calle. A algunos bebés casi nunca les pasa, pero algunos pobres padres tienen la desgracia de tener un bebé que parece llorar todo el tiempo. ¿Qué debes hacer?

✔ Lo primero es ser consciente de que no eres el único al que le pasa. Casi todos los padres se sienten así en un momento u otro. Eso no te convierte en un mal padre, sino en uno normal.

✔ Lo siguiente que debes hacer es alejarte del ruido. Coloca al bebé boca arriba en un lugar seguro, por ejemplo en su cuna. Luego vete. Entra en otra habitación y grita, llora o haz lo que tengas que hacer.

✔ Intenta tomarte un respiro. Si tienes algún familiar, amigo o vecino dispuesto a cuidar del bebé mientras tú sales a dar una vuelta —o simplemente vuelves a meterte en la cama— es el momento para pedir ayuda.

✔ Habla con el pediatra —es parte de su trabajo.

✔ Llama a algún teléfono de la esperanza, sobre todo si estás sola y nadie puede echarte una mano. Para eso están.

13. Dónde debe dormir el bebé

Existe una gran variedad de artilugios diseñados para que el bebé pueda dormir en ellos. Y cuando decidas cuál de ellos vas a comprar todavía deberás tomar otra decisión importante: escoger la habitación en la que va a dormir.

> Objetivo principal: **ayudar al bebé a dormirse**
> Aspecto clave: **que no corra peligro**

La verdad es que los bebés han sobrevivido milagrosamente durante siglos sin cucos, cunas, moisés, cunas de viaje, cochecitos de bebé y todo el resto. Todo eso, al contrario de lo que pueda parecer, no es indispensable. Pueden hacernos la vida más fácil —y lo más probable es que compres algo para meter al bebé— pero no son imprescindibles. Asimismo, si pasas la noche fuera y te olvidas la cuna de viaje o lo que suelas usar en esos casos, al bebé no le ocurrirá nada malo (y probablemente ni siquiera le importe).

Falso mito
Debes meter al bebé en una cuna o cama apropiadas

Conozco a bebés que se han criado perfectamente durmiendo en un cajón (abierto) o incluso en una caja (sin tapa, por supuesto). En cuanto el bebé sea capaz de sentarse solo y empiece a moverse, las opciones se vuelven más limitadas, pero mientras sea pequeñito las mencionadas anteriormente sirven perfectamente. Puedes incluso (¡qué horror!) dejar que duerma en el suelo.

¿Qué necesitas?

Depende de las rutinas que tengas pensadas. En realidad es un poco difícil. No lo sabes hasta que llega el momento, pero para entonces los artilugios que hayas adquirido te condicionarán enormemente. No obstante, he aquí algunas consideraciones a tener en cuenta:

✔ **Para dormir durante el día.** Los bebés duermen tanto de día como de noche. Muchos bebés pasan más de la mitad del tiempo durmiendo (por eso a veces los padres primerizos les envidian. No es porque los bebés reciban más atenciones sino porque duermen todo el tiempo que quieren). Si lo deseas, el bebé puede dormir en el mismo sitio durante el día y durante la noche, por ejemplo, en la cuna de su dormitorio. Si ese es tu caso es posible que no necesites ni cuna de viaje ni moisés. No obstante, si prefieres que de día duerma en la cocina o en el salón, para que puedas echarle un vistazo, es posible que optes por comprar algún tipo de artilugio portátil.

✔ **Para dormir durante la noche.** Antes o después necesitarás algún tipo de cuna —dicho de otro modo, una cama de la que el bebé no pueda caerse o escapar en cuanto empiece a tener movilidad. De modo que puedes usar una desde el principio. Hay personas que al principio usan una cuna más pequeña o un moisés y luego pasan al bebé a una cuna de tamaño normal. No es necesario pero está claro que a ellos les gusta.

✔ **Para dormir fuera de casa.** Si piensas salir a pasear y esperas que el bebé se duerma durante el paseo, necesitarás un cochecito o una silla de paseo. En el coche suelen quedarse siempre dormidos, quieras o no; y, de todos modos, es obligatorio que viaje en una sillita de coche homologada.

En la actualidad existen modelos increíbles que sirven de sillita para el coche, de cuco, de sillita de paseo y de Dios sabe qué más. Seguro que ya han inventado algún aparato que se encarga de mezclar y calentar la leche, aunque para poder usarlo deberás descifrar las instrucciones y averiguar cuál es el botón que debes apretar. Si ese tipo de artilugios te superan te aconsejo que no los compres. Pero si se te dan bien los objetos con todo tipo de mecanismos, puedes adquirirlos. Antes de comprar algo pide al vendedor que te haga una demostración para ver cómo funciona, simplemente para comprobar que es posible volverlo del revés tal y como indican las instrucciones. Los modelos multifuncionales son bastante caros, pero muchos padres aseguran que son excelentes. Si estás más o menos seguro de que vas a usar sus distintos complementos, seguramente vale la pena. Si sólo piensas usar una o dos de las configuraciones, probablemente te saldrá más a cuenta adquirir un carro de los clásicos.

Las opciones

No pienso enumerar las distintas opciones ni hablar de cada una de ellas. Me parece más útil considerar qué criterios debes tener en cuenta al escoger una de las muchas opciones que existen en el mercado (si es que compras alguna). He aquí los principales factores a tener en cuenta; algunos tendrán importancia en tu caso y en el de tu bebé, y otros no:

Peso. Si piensas llevarlo de un lado a otro, sobre todo con el bebé dentro, te interesa que pese lo mínimo posible. Imagina que después de dar de comer al bebé le metes en él para que duerma un poco en el piso de abajo y que luego quieres subirlo al piso de arriba para que duerma más tranquilo. Recuerda que durante los primeros días o incluso semanas, las mamás no suelen estar especialmente fuertes ni en forma.

Manejabilidad. Algunos modelos no pesan nada y sin embargo no son fáciles de llevar de un lado a otro. El manillar es demasiado bajo, o es demasiado voluminoso como para subirlo fácilmente al piso de arriba, o tiene algún borde metálico afilado que se te clava continuamente en la pierna... este tipo de cosas.

Fácil para viajar. Además de usarlo dentro de casa, lo normal es que también lo utilices cuando salís por ahí. ¿Puede doblarse? ¿Puede viajar el bebé en él porque sirve de silla para el coche? Si en casa el bebé siempre duerme en la cuna, tan sólo necesitas una sillita de coche y no tienes por qué gastar el dinero en cunas de viaje, cucos y sillas de paseo.

Transmite sensación de seguridad. El bebé ha pasado los últimos meses cómodamente, en un espacio cálido y casi a oscuras. Lo normal es que se sienta más a gusto en un modelo que tenga los laterales altos o lleve una cortina alrededor que, por ejemplo, en uno tipo bandeja. La mayor parte de los modelos están diseñados teniendo en cuenta ese dato.

Precio. Un factor importante a tener en cuenta. Puede salirte gratis si tienes unos amigos generosos que ya tienen los hijos más mayores o puede llegar a costarte varios cientos de euros. Vale la pena pensar con detenimiento qué combinación te interesa más antes de empezar a comprar, y calcular el precio de antemano; con un catálogo de algunos grandes almacenes podrás hacerte una idea de lo que valen los distintos modelos o combinaciones.

¿Tu cama o la suya?

Se ha discutido mucho sobre la cuestión de si debes dejar o no que el bebé duerma en tu cama. Los últimos estudios realizados en EE.UU. indican que el riesgo de muerte súbita (o Síndrome de Muerte Súbita Infantil, SMSI) es 40 veces mayor si el bebé comparte tu cama que si duerme en su propia cuna o cuco. Me parece una razón más que suficiente como para no meterle en la cama contigo.

No obstante, es cosa tuya. A continuación encontrarás los principales pros y contras acerca del tema, independientemente del tema de la muerte súbita.

A favor	En contra
Los bebés que comparten cama con su madre lloran menos.	Al bebé le costará más dormirse cuando no estés a su lado.
Si le das el pecho podrás darle la toma nocturna sin apenas despertarte.	Probablemente te molestará más durante la noche, aunque las molestias serán menores.
Si le das el pecho, el bebé comerá más veces por la noche. Quizás te preguntes por qué considero eso una razón a favor. Bien, lo creas o no, la leche nocturna es incluso mejor para el bebé que la diurna. Y la prueba está en que tú podrás dormir lo mismo.	Luego te costará más acostumbrarle a dormir en su propia cuna, por ejemplo cuando tenga un hermanito.
Teniéndolo a tu lado estarás segura de que el bebé está bien y no le pasa nada malo.	Reconócelo, un bebé en la cama no ayuda precisamente a tener una vida sexual espontánea (la verdad es que el hecho de tener un bebé no ayuda nunca, aunque éste duerma en su propia cuna).
Ambos progenitores se pueden sentir más cercanos al	Si uno de los cónyuges fuma, toma drogas, ha bebido o sufre

bebé si comparten la cama con él.

de apnea o algún otro trastorno del sueño, compartir la cama con el bebé resulta especialmente contraindicado. Todo ello aumenta el riesgo de «muerte súbita», o de acabar tumbado sobre el bebé y asfixiarle.

El bebé también puede, por supuesto, dormir en su propia habitación. Puedes comprar una colección completa de monitores para comprobar su ritmo cardíaco, controlar su respiración y amplificar cualquier sonido que emita. O puedes optar por el método de toda la vida que consiste en: a) escuchar y, b) mirar cómo está de vez en cuando. Una de las cosas que más preocupan a los padres es la muerte súbita, por lo que vale la pena señalar que los estudios demuestran que el riesgo de sufrirla disminuye si tienes la cuna del bebé en tu habitación durante los seis primeros meses.

La solución ideal, pues, es colocar al bebé justo al lado de tu cama, para poder cogerlo desde ahí, pero en su propia cuna o moisés. En vista de los últimos descubrimientos, parece una opción mucho más segura que la de compartir tu cama con el bebé, o la de ponerle desde el principio en su propia habitación. Además, tiene la ventaja adicional de que así el bebé se acostumbrará a su propia cuna y le costará menos adaptarse cuando le traslades a su propia habitación más adelante, ya que la cuna seguirá siendo la misma.

14. Cómo dormir al bebé

¿Cómo se duerme a un bebé? Suele ser la pregunta del millón para la mayoría de los padres. Está claro que no puedes ponerlo a dormir cuando está muy hambriento, o si se siente mal a causa de los gases. Pero si está calentito, cómodo y con la barriga llena parece que debería apetecerle dormir. Bien, es posible que sea así y es posible que no. Pero en cualquier caso, existe la posibilidad de que necesite tu ayuda.

> Objetivo principal: **dormir al bebé**
> Aspecto clave: **tener un bebé sano**
> **y que descanse bien**

A veces nos dejamos llevar por el deseo. Si tenemos sueño es posible que sintamos la tentación de obligar al bebé a dormir, y que nos engañemos diciéndonos que debe estar tan cansado como nosotros. Eso, simplemente, no funciona, y puede resultar terriblemente frustrante. Es mejor cortar por lo sano y aprender a reconocer cuándo está cansado el bebé y cuándo no. Si está claramente despierto, olvídate de dormir. Así te sentirás mucho menos frustrado.

Falso mito
Un bebé sano debe dormir toda la noche
y despertarse tan sólo para una toma

Es verdad que muchos bebés sanos lo hacen así. Pero otros muchos no. Algunos bebés duermen toda la noche de un tirón desde el primer día sin hacer ni una sola toma. Otros no se duermen hasta altas horas de la noche y vuelven a despertarse en un par de horas porque quieren volver a comer. Y una toma —que se suele decir que dura «cerca de una hora»— en algunos casos puede llegar a durar hasta 4 horas. No existe un modelo estándar, y los bebés sanos no saben nada acerca de lo que «se supone que deberían» hacer. Simplemente hacen lo que su cuerpo les pide.

Dormir bien durante la noche

Casi todos los padres pueden contar (y te contarán) alguna historia terrible sobre la falta de sueño durante las primeras semanas de vida del bebé. Son los padres los que duermen poco, no el bebé —que de un modo u otro parece dormir siempre lo suficiente, incluso cuando tú no lo consigues—. Algunos pocos padres afortunados tienen un bebé que duerme toda la noche, pero no es lo habitual. E incluso en esos casos si les preguntas qué significa exactamente eso de dormir toda la noche, te dirán que su bebé duerme del tirón desde las diez de la noche hasta las seis de la mañana. Bien, lo siento, pero levantarme a las seis de la mañana no es lo que yo llamo dormir bien toda la noche.

Tengo dudas sobre lo que debo decir en este apartado. No pretendo ser negativa ni es mi propósito conseguir que temas esas primeras semanas. Pero tampoco quiero mentirte y decirte que todo es maravilloso (muchas gente lo hace y cuando tu bebé no se duerme hace que te sientas muy solo). De modo que voy a mostrarte las dos caras de la moneda.

A favor

| En contra |

Quizás tengas suerte y tu bebé duerma bien. Está claro que todos los bebés duermen mucho, el truco está en tratar de pillarles el ritmo y dormir cuando lo hacen ellos. El tipo ideal es el que duerme mucho *por la noche*.

No se puede negar que las cosas pueden ser bastante duras durante las primeras semanas. Es posible que el bebé no duerma nada las primeras noches, y que luego empiece a dormirse a eso de las tres o las cuatro de la madrugada.

Tu cuerpo aprenderá a adaptarse con bastante rapidez a la nueva pauta de sueño, siempre que sigas durmiendo lo suficiente. Duerme cuando duerma el bebé, incluso durante el día (no podrás hacerlo con el siguiente hijo porque tendrás a otro del que cuidar, de modo que aprovéchalo al máximo ahora). No intentes aprovechar el tiempo que el bebé duerme para ponerte al día en los quehaceres domésticos. Olvídate de las tareas y ponte al día en el dormir.

Si tienes un bebé que duerme mal o que se despierta mucho por las noches, antes o después acabarás llorando desconsoladamente a causa del agotamiento. Es algo completamente normal. A la mayoría nos pasa en un momento u otro; así que si puedes pide ayuda práctica, o al menos apoyo emocional. Otros que ya sean padres lo entenderán (simplemente pasa de aquellos que aseguren que su pequeño «durmió toda la noche de un tirón desde el primer día». ¿Quién quiere relacionarse con gente así?).

Alrededor de las seis semanas de vida del bebé deberías notar una clara mejoría, porque el bebé empieza a diferenciar entre el día y la

El período realmente duro —las seis primeras semanas— suele durar más que la mayoría de permisos de paternidad, por lo que lo de compartir noche, y duerme más durante esta última. A los tres meses deberías notar otra mejoría. La introducción de los alimentos sólidos suele contribuir a que el bebé duerma más horas seguidas por la noche.

responsabilidades puede resultar difícil.

Durante el embarazo y el alumbramiento las mujeres segregan unas hormonas que le ayudan a llevar mejor la falta de sueño. La leche materna prolonga la producción de dichas hormonas (no es que sea un gran consuelo en el caso de los padres).

Si amamantas al bebé no puedes turnarte con tu pareja para darle la toma de la noche.

Si le alimentas con biberón, tú y tu pareja podéis turnaros para darle la toma de la noche. Además, los niños que toman biberón suelen dormir más horas seguidas durante la noche porque la leche de fórmula llena más.

Cuando sientas que no puedes más —y, junto con un bebé que no para de llorar, la falta de sueño es una de las causas que suele provocar este tipo de reacción— haz algo antes de que puedas hacer daño al bebé. Deja al bebé en algún lugar seguro, por ejemplo en su cuna, y sal de la habitación. Probablemente el bebé se quejará, pero eso no le hará ningún daño. Siéntate en otra habitación y quédate en ella todo el tiempo que necesites, hasta que sientas que serás capaz de hacerte cargo de la situación. Llama a alguien y pide ayuda; puedes llamar a tu médico. Si no sabes a quién llamar, siempre puedes recurrir al teléfono de la esperanza, o a alguna organización de ayuda (las encontrarás en el listín telefónico).

Aprende a distinguir cuándo necesita dormir

Enseguida aprenderás a reconocer los signos. Los bebés suelen dormir después de una buena comida (un hábito que se prolonga durante toda la vida si se nos da la oportunidad). Así pues, si el bebé acaba de comer es muy probable que le apetezca dormir un poco. Existen otros detalles que te ayudarán a identificar el sueño, tales como los bostezos o el hecho de que ponga los ojos en blanco (no, no se trata de una audición para una película de terror; realmente parece que los ponen en blanco).

Para aumentar las probabilidades de que el bebé se duerma, comprueba que lleva un pañal limpio, que está cómodo y calentito (aunque no excesivamente caliente). Puedes cambiarle el pañal y prepararle cuando le quede poco para terminar de comer. No te agradecerá nada que le cambies el pañal antes de comer, cuando está hambriento (la verdad es que durante varios años no te agradecerá demasiadas cosas, y ahora menos). No obstante, si se lo cambias cuando se esté quedando dormido lo despertarás. Así pues, cámbiaselo cuando haya saciado el hambre inicial pero antes de que termine la toma. Algo así como entre el plato principal y el postre.

Establece una rutina

Lo mejor que puedes hacer por el bebé y por ti es establecer una rutina del sueño lo antes posible. El principio es bastante simple. A todos nos resulta más fácil dormirnos si realizamos algún tipo de ritual. Es posible que te guste preparar el cojín, o tumbarte de un modo determinado, o taparte hasta la barbilla, o recitar el alfabeto en voz baja, o cualquier otra cosa.

Pues bien, a los bebés les pasa lo mismo. La diferencia es que tienes una tela en blanco con la que deberás trabajar un par de días (no se tarda mucho en establecer un ritual). Lo que debes hacer es establecer una rutina consistente que ayude al bebé a dormirse. Puedes mecerlo, cantarle, ponerle música, darle una prenda que desprenda el olor de mamá, bajar las luces de un modo determinado, acariciarle o lo que sea. La cuestión es que, hagas lo que hagas, luego te será muy difícil cambiarlo ya que el bebé se resistirá con todas sus fuerzas (por ejemplo, llorando).

Así pues, debes establecer una rutina que sea segura y cómoda para el bebé, y también práctica para ti. Si el bebé aprende a dormirse meciéndose, luego puedes pasarte horas meciéndole. Quizás no te importe —sobre todo si tienes una cuna balancín. Pero puedes acabar llorando de desesperación cuando a las tres de la madrugada lleves una hora meciéndole y cada vez que pares se despierte y llore.

Si el bebé va a dormir en tu cama, probablemente no importe que se quede dormido en tus brazos al final de la toma. Pero si no duerme en tu cama, y no soporta que luego le lleves a su cuna, que se duerma en tus brazos puede constituir un verdadero problema. Dicho de otro modo, si quieres que el bebé duerma en su cuna —aunque sea justo al lado de tu cama— harás bien en dejar que desde el primer día se duerma tumbado en su cuna o moisés. Puedes acariciarle suavemente, algo que podrás dejar de hacer mucho más fácilmente sin despertarle que si lo meces en tus brazos.

Pero te preguntarás: ¿y que hago si se queda dormido en mis brazos mientras come? En ese caso, si quieres que se acostumbre a dormirse solo, simplemente métele en la cuna y, si se despierta, deja que aprenda a calmarse para poder dormirse solo. Si lo haces desde el principio se adaptará a la rutina muy fácilmente. Y recuerda, fijes la rutina que fijes, debes seguirla tanto de día como de noche. El bebé tardará varias semanas en diferenciar el día y la noche.

Quizás te parezca un método frío y cruel. Si tu rutina implicara encerrarlo en un calabozo infestado de ratas hasta que se acostumbrara, estaría de acuerdo contigo. Pero si consiste en tumbar al bebé en una cuna cómoda y que conoce, con la luz tenue y una prenda que desprende el olor de su mamá (si le das de mamar métete la prenda en el sujetador), mientras le cantas y le acaricias suavemente hasta que se duerma, no veo cuál es el problema.

De hecho, le estás haciendo un gran favor al bebé. Cuanto menos le cueste dormirse más descansado estará. Y también tú. Yo caí en la trampa con mi primer hijo. Antes de que me diera cuenta descubrí que no era capaz de dormirse si no le mecía en su moisés; a veces debía mecerle durante 45 minutos (si paraba, se despertaba). No sé cómo se inició el hábito; empezamos a mecerlo durante el día y al poco tiempo teníamos que mecerlo también por la noche. Comía varias veces durante la noche y pesaba mucho —4,5 kg— por lo que me costaba mucho mecerlo —especialmente porque aún no estaba totalmente recuperada del parto. Con los siguientes hijos nos aseguramos de establecer una rutina que fuera cálida y reconfortante para el bebé, y razonable para nosotros.

Conseguir que no se despierte

Que tú quieras que siga dormido no significa que vaya a seguir durmiendo. No, no. Los bebés son algo más complicados. El bebé se despertará si tiene hambre, caca, dolor o frío. Pero puede despertarse antes de lo esperado incluso si no se da ninguna de esas circunstancias. He aquí las causas más habituales.

✔ **Ruido.** Muchos bebés duermen aunque haya ruido a su alrededor, de modo que no tienes por qué ir de puntillas, hacer callar a todo el mundo ni maldecir en susurros cuando suene el teléfono. Eso no es vida. Haz algo de ruido e intenta superarlo. De todos modos algunos bebés tienen el sueño muy ligero. Muchas personas afirman que los bebés que están acostumbrados al ruido —especialmente los que tienen hermanos mayores— son capaces de dormir pase lo que pase. Es verdad que algunos lo son, pero he conocido algunos bebés que se despiertan con el sonido de una mosca. Si tu bebé tiene el sueño muy ligero es mejor ponerlo a dormir lejos del jaleo de la familia en vez de hacer que los demás actúen como si fueran ladrones que se mueven de puntillas y que se mandan callar exageradamente unos a otros.

✔ **Movimiento.** Un clásico. El bebé se queda dormido en tus brazos. Sabes que está cansado y te sientes orgulloso de haber conseguido que se duerma. Tan sólo te falta tumbarlo en la cuna. Consigues, con grandes dificultades y ninguna dignidad, ponerte de pie. Te diriges hacia la cuna, andando despacito, en silencio y sin mover para nada los brazos. Llegas a la cuna y bajas, muy poco a poco y con cuidado, al bebé, como si fuera una especie de tesoro arqueológico. Finalmente lo dejas sobre el colchón, retiras lentamente los brazos, te incorporas y dejas escapar un suspiro de alivio. Y entonces el bebé abre los ojos de repente y llora. ¡Ajá! ¡Estaba esperando a que lo dejaras! ¡Sí señor! ¡Ha estado despierto todo el tiempo poniéndote a prueba! Tan sólo tiene unos días y ya ha desarrollado su sentido del humor; y lo está practicando contigo.

No tengo ni idea de por qué los bebés hacen eso, pero no hay que tomárselo como algo personal. Si hace que te sientas mejor piensa que no sólo lo hace el tuyo; todos hacen lo mismo. Tienes tres opciones. La primera es volver a empezar desde el principio (y que el bebé vuelva a despertarse en el último momento). La segunda es dejarle llorar hasta que se duerma. Existen distintas opiniones acerca de si es una buena idea, y seguramente tendrás tu propia opinión al respecto. La tercera consiste en enseñar al bebé a dormirse desde el principio allí donde deberá acabar durmiendo. De ese modo evitarás el problema, y en eso consiste justamente fijar una rutina de sueño.

✔ **Detener el coche.** Si el bebé se ha quedado dormido en el coche, al parar el motor es muy probable que se despierte. No hay mucho que puedas hacer al respecto; en vez de frustrarte porque se ha despertado, piensa que el sueñecito que se ha echado en el coche ha sido un regalo. O puedes seguir dando vueltas con el coche hasta que se despierte (intenta no pensar en el hecho de que cuanto más rato duerma, más daño le estarás haciendo al planeta en el que crecerá). Muchos bebés, no obstante, no se despiertan si los dejas tranquilos. En ese caso, sácale del coche tumbado en la propia sillita. Si has llegado a casa, métela dentro y deja que siga durmiendo en ella. Si estás en otro sitio, te será útil uno de esos carros multiusos que convierten la silla del coche en un cuco de paseo.

✔ **Gases.** Te advierto que este tema puede resultar de lo más frustrante. El bebé está a punto de dormirse, pero se siente muy incómodo a causa de los gases, así que empieza a llorar. Para cuando logras que expulse los gases vuelve a estar completamente despierto. Consuélate pensando que cuando por fin se duerma seguramente dormirá mejor. Ten en cuenta además que, aunque el bebé parezca completamente despierto y dispuesto a jugar durante un par de horas, es perfectamente capaz de quedarse profundamente dormido de nuevo en cinco minutos. Los gases en realidad no retrasan las cosas tanto como parece, y es un problema que debes tratar casi siempre. De vez en cuando, no obstante, el bebé se dormirá sin grandes dificultades a pesar de tener gases. Déjale. Es lo que quiere. Si se siente mal te lo hará saber, no te preocupes.

✔ **Por costumbre.** Los bebés pueden coger la costumbre de despertarse, especialmente por la noche. De hecho, todos los bebés se despiertan varias veces, pero vuelven a dormirse casi de inmediato. A veces lloran durante uno o dos segundos, y es fácil caer en la trampa de consolarles para que vuelvan a dormirse. En una o dos noches eso puede convertirse en un verdadero hábito, y luego el bebé será incapaz de volver a dormirse si no estás presente, meciéndole, acariciándole o haciendo lo que sea que haces para que se duerma de nuevo. Como consecuencia tanto tú como el bebé empezaréis a dormir mal, y el bebé estará peor que si hubieras ignorado su breve llanto. Así pues, ignóralo.

Si el bebé es muy pequeño probablemente llora porque necesita comer, que es algo muy distinto; en ese caso por supuesto debes darle de comer. Tampoco estoy diciendo que debas ignorar un llanto prolongado o cualquier indicio de dolor o malestar. Pero debes intentar no establecer la costumbre de que se despierte sin razón alguna y luego sea incapaz de volver a dormirse sin la ayuda del progenitor. Es fácil que dicho hábito se inicie una noche en la que el bebé realmente se encuentra mal a causa de un resfriado o de tener la nariz tapada. Durante un par de noches acudes cuando se despierta inquieto y luego, sin darte cuenta, sigues levantándote para consolarle, a pesar de que ya está completamente curado, entre 15 y 20 veces cada noche.

Si te ocurriera —y le puede pasar a cualquiera— la mejor solución suele pasar por ser un poco cruel, por el bien del niño. Ignora su llanto durante una o dos noches y en pocos días volverá a ser capaz de dormirse él solo. Suena muy sencillo, y desde un punto de vista práctico lo es. Pero emocionalmente puede resultar muy duro. Es muy posible que acabes estando mucho más alterado que el propio bebé. Recuerda que todo el mundo será mucho más feliz si el bebé duerme bien —bebé incluido— y que en menos de una semana todo volverá a la normalidad.

15. Los paseos

¿Por qué tienes que sacar al bebé de paseo? Pues probablemente porque tienes que salir a hacer algún recado —a correos, de tiendas, a visitar a algún amigo— y no puedes ir y dejar al bebé solo en casa. O para tener una excusa para salir de casa. La verdad es que la variedad y los estímulos son buenos para el bebé; fomentan su desarrollo y le hacen feliz. Asimismo, los paseos suelen ayudarle a conciliar el sueño cuando está claro que necesita descansar pero el bebé no parece dispuesto a cooperar.

> Objetivo principal: **salir a dar un paseo con el bebé**
> Aspecto clave: **regresar con el bebé sano y salvo**

El aire fresco es fantástico para el bebé (si tienes la suerte de tener aire fresco cerca de donde vives) y sin duda estimula sus sentidos. Curiosamente, además de estimularle, el aire fresco hace que acabe durmiéndose. Así que en vez de quedarte encerrado en casa con el bebé, sal a dar un paseo, aunque sea corto; hará que ambos os sintáis mejor. Y así podrás practicar con la sillita de paseo/carro/chisme multiusos y aprender a abrirla y cerrarla.

Falso mito

Debes salir a pasear con el bebé todos los días

Puedes hacerlo sin ningún problema, pero no es obligatorio. Tu madre y tu abuela te dirán que ellas lo hacían, pero probablemente lo hacían porque no tenían otra cosa que hacer con el bebé, y porque no tenían coche.

El proceso

1 **Cámbiale el pañal (ver página 74).** Si no lo haces se cumplirá la ley de Murphy y te arrepentirás de tu falta de previsión.

2 **Coge la sillita de paseo/carro/chisme multiusos.** Si coges primero al niño deberás abrirla con una sola mano, cuando todo el mundo sabe que es difícil incluso con ambas manos. El bebé debe ser casi siempre el último elemento que se introduce en la ecuación, en casi cualquier actividad. De lo contrario lo único que hará es molestar.

3 **Abre la sillita de paseo/carro/chisme multiusos.** No se trata de un chiste. ¿Verdad que todo el mundo te dice que ser padre es muy difícil? Pues bien, lo difícil no es manejar al bebé. Lo difícil es manejar todo el equipamiento que éste precisa. No intentes hacerlo delante de otras personas, especialmente de tu pareja, ya que puede desencadenar serias discusiones.

4 **Ten en cuenta que la temperatura exterior es distinta a la del interior de tu casa.** No quieres que el bebé se achicharre ni tampoco que se congele. En pleno verano es posible que no tengas que ponerle nada, pero la mayor parte del año necesitará por lo menos una prenda de abrigo para salir fuera, especialmente si tu casa dispone de calefacción central. Ten presente que sentirá el mismo frío que tú, pero que él no se estará moviendo para entrar en calor. Así pues, pon al bebé una capa de abrigo adicional antes de meterlo en la sillita de paseo/carro/chisme multiusos.

5 **Ata bien al bebé en la sillita de paseo/carro/chisme multiusos.** Es realmente importante que coloques bien las correas o cierres, para que el bebé no pueda caerse o enredarse con los anclajes internos de la silla. Si pasas por baches, o tienes que *esprintar* para escapar de alguien a quien acabas de ver y a quien no deseas saludar, debes estar seguro de que el bebé no sufrirá ningún daño.

6 **Coge una manta por si acaso.** Si lleva ropa suficiente no hace falta, pero si no estás muy seguro de la temperatura que hace fuera es mejor ponerle una capa ligera de ropa al bebé y encima una manta, que es más fácil de quitar que una prenda gruesa de ropa.

7 **Coge el plástico para la lluvia.** No des por sentado que no va a llover o te verás en apuros. Dicho esto te confesaré que he criado a tres bebés y jamás he tenido un plástico para la lluvia; no son indispensables. La alternativa es no salir cuando parezca que va a llover o, en caso de emergencia, sacarte el impermeable y tapar con él el carro

mientras tú te quedas empapado y congelado. Bueno, es culpa tuya por no comprar el plástico (eso me han dicho a mi cientos de veces).

8 **Comprueba qué hora es.** Si sales a dar un paseo de media hora cinco minutos antes de que le toque comer al bebé, es más que probable que éste llore la mayor parte del camino y la culpa será solo tuya. Por tu propio bien y el del bebé, vuelve a casa si le toca comer, a menos, claro está, que lleves la leche encima.

Si cuando regresas del paseo el bebé está dormido, puedes dejarle en la sillita de paseo/carro/chisme multiusos siempre que lo dejes en un lugar seguro (como por ejemplo en el vestíbulo). Cuando saques al bebé, déjalo en algún sitio seguro y luego intenta cerrar el horrible artilugio. Si dispones de espacio, no cierres nunca la sillita de paseo/carro/chisme multiusos. Una vez abierto déjalo siempre abierto y sé la envidia de todos los padres que no disponen de tanto espacio como tú.

16. Las salidas en coche

A menos que la vida del bebé se desarrolle por completo a pocos kilómetros de casa, antes o después acabará montándose en un coche. En cuanto te acostumbres, llevarle en coche dejará de ser algo engorroso. Es más, puede proporcionarte un medio estupendo para lograr que se duerma.

Objetivo principal: **viajar de A a B en coche con el bebé**
Aspecto clave: **llevar al bebé hasta allí y de vuelta sin que sufra ningún daño**

Por regla general, las sillas para coche son difíciles de montar, tanto si son del tipo permanente como si son de las de quita y pon. Esta prueba de paciencia forma parte de la difícil experiencia de la paternidad. Cuando seas capaz de montar la silla con una mano mientras charlas con alguien con el bebé en brazos podrás retirar la supuesta L del coche y considerarte un padre apto.

Falso mito
Si vas a realizar un trayecto corto no hace falta que pongas al bebé en la sillita; puedes llevarlo en tu regazo

Por supuesto que no. Estarías incumpliendo la ley y poniendo en peligro la vida del pequeño. Ya sé que tu madre dice que es lo que ella hacía contigo y que nunca te pasó nada, pero desgraciadamente a muchos bebés sí les pasó. Debes sentarlo en una silla de coche aunque tan sólo vayas hasta la esquina (aunque en ese caso sería mucho más sano sentar al bebé en su silla de paseo e ir andando).

La elección de la silla

Lo que realmente necesitarías sería una silla de coche apta para recién nacidos y que pudieras seguir usando hasta que el niño tuviera unos seis años y dejara de necesitarla. Encontrarás una gran variedad de sillas en el mercado, pero ninguna que se adapte a dicha descripción. Lo que vas a encontrar, en líneas generales, es lo siguiente:

✔ Hasta los nueve meses más o menos el bebé va más seguro en una silla de coche de las que se colocan mirando hacia atrás. Algunas se convierten en sillitas de paseo/carros/chismes multiusos, y otras son únicamente sillas de coche. Necesitarás una de éstas si tienes que llevar al bebé en coche.

✔ De los nueve meses a los cuatro años el niño necesita una silla de coche de las que miran hacia delante. Deberás comprar otra silla. Al menos ésta no te confundirá tratando de convertirse en distintos artilugios delante de tus propias narices. Se trata de una silla de coche y punto. En la jerga de los fabricantes se conoce como silla de coche de «segunda etapa».

✔ De los cuatro años hasta alrededor de los seis (dependerá de la altura del niño) tu hijo necesita un cojín elevador. Los cojines corrientes no son seguros: necesitas un modelo homologado con guías para el cinturón de seguridad. O has sido lo suficientemente previsor cuando el bebé tenía nueve meses y has comprado una silla de «segunda etapa» que luego puede convertirse en elevador (de un modo u otro el respaldo se separa del asiento propiamente dicho) o deberás comprar un tercer artículo.

Si de verdad quieres sacar rendimiento al dinero que te vas a gastar en todo ello lo mejor es que tengas un mínimo de tres hijos, a poder ser uno cada dos años más o menos. Aunque claro está, dicha opción conlleva otros gastos suplementarios.

El proceso

Para empezar, tendrás una silla de coche que deberás colocar mirando hacia atrás, de las de quita y pon; estas instrucciones son para los nueve primeros meses, hasta que pases a una silla de coche de las permanentes. Para entonces ya habrás aprendido bastante y tendrás que apañártelas solo, colega.

1 **Coge todo lo que necesitas.** A menos que tengas el coche aparcado justo delante de la puerta, en un caminito privado que se ve desde tu casa, no debes dejar al bebé solo en el coche mientras vuelves a entrar en casa a la carrera para coger la lista de la compra, buscar las llaves y la cartera, cerrar la puerta de atrás, contestar al teléfono, preparar un biberón por si acaso, dejar una nota para tu pareja... y cualquier otra cosa que se te ocurra. Así pues, haz todas esas cosas mientras el bebé sigue en casa contigo. Luego podéis dirigiros juntos al coche, cerrando la puerta detrás de vosotros al salir.

2 **Prepara al bebé.** Cámbiale el pañal, ponle algo de abrigo y haz cualquier otra cosa que creas necesario.

3 **Coloca al bebé en la silla del coche y átalo.** Deberás seguir las instrucciones del fabricante. Lo importante es no olvidar atarle correctamente.

4 **Mete la silla en el coche y sujétala al asiento.** Más sujeciones. El bebé debe estar bien sujeto a la silla, y la silla firmemente sujeta al coche. Comprueba dos veces que todo está bien fijado, que los cinturones no están enrollados ni girados, etc. Uno de los mayores peligros surge cuando dejas la silla en el coche, por ejemplo, cuando sacas al bebé de la silla del coche para ponerlo en la sillita de paseo (porque no tienes uno de esos chismes multiusos que sirven de silla para el coche y de silla de paseo), y cuando vuelves a poner al bebé en la silla del coche, le atas y te olvidas de volver a sujetar la silla al asiento. Si es algo que podría ocurrirte por el tipo de modelo que tienes, acostúmbrate (lo antes posible) a comprobar todos los cinturones y anclajes antes de arrancar.

Llévalo siempre en el coche

Hay ciertos artículos que deberías llevar siempre en el coche, para no tener que estar pendiente de ellos cada vez. A continuación encontrarás una breve lista de las cosas que deberías llevar siempre en el coche:

✔ Una pantalla quitasol para la ventana que quede más cerca de la silla del bebé.
✔ Pañales de recambio, y bolsas para meter los pañales sucios.
✔ Toallitas o pañuelos de papel.
✔ Un paño de muselina o parecido, para limpiar las cosas que se derramen, los vómitos del bebé, etc.
✔ Una mantita de bebé.

Cuando el bebé tenga unos tres meses puedes llevar dos o tres juguetitos para que se distraiga, o una de esas barras blandas que se fijan de un lado a otro de la silla y tiene juguetes colgando.

17. Cómo jugar con el bebé

Los bebés pasan la mayor parte del tiempo durmiendo o comiendo. Sin embargo, entre dichas actividades hay intervalos en los que quizá te apetezca interactuar con él de un modo u otro. ¿Pero cómo?

> Objetivo principal: **estimular al bebé**
> Aspecto clave: **no hacerle daño**

En el caso de los niños pequeños, jugar es sinónimo de aprender. Para ser más precisos, significa aprender divirtiéndose. Los bebés no pueden evitar aprender; están hechos para ello. Mientras les estimulemos un poco, aprenderán. Así pues, jugar con el bebé significa justamente estimularle —estimular su cerebro y sus cinco sentidos.

Falso mito
No tiene sentido hablar con un bebé; no entiende lo que dices

En realidad, si no le hablas cuando es pequeño nunca entenderá nada de lo que dices. Los niños tardan un par de años en hablar, pero el proceso de aprendizaje empieza incluso antes de su nacimiento. Por mucho que le hables nunca le hablarás de más.

A algunas personas les resulta fácil conversar con los recién nacidos, parece que no les importa que éstos apenas puedan entenderles. Y es que proporcionan una compañía muy gratificante ya que no discuten, ni contestan, ni interrumpen, ni dicen ningún despropósito. Otros, sin embargo, no tenemos ni idea de cómo interactuar con un recién nacido, aunque sea hijo nuestro. En tan sólo unas semanas te acostumbrarás, pero igual te vienen bien algunas ideas para empezar.

Háblale

La forma más estimulante de interactuar con un recién nacido es hablándole. Todavía no puedes jugar al balón con él, o enseñarle a jugar al Monopoly, pero puedes hablarle. Vale la pena señalar que los estudios demuestran que si hablas en la misma habitación que se encuentra el bebé pero no a él, o le pones delante de la radio o la televisión, o charlas con alguien delante de él, tu bebé no aprenderá casi nada del lenguaje. Para que aprenda debes hablarle directamente a él y establecer contacto visual. He aquí algunas pistas:

✔ Los bebés aprenden mejor con el tipo de habla conocido como «habla maternal» (o *motherese*), que a muchos progenitores les sale de forma instintiva. Consiste en hablar en voz alta, sonriendo mucho, enfatizando exageradamente las palabras claves y usando una entonación cantarina. Imagínate que le hablas a alguien más bien cortito que no habla tu idioma.

✔ La entonación cantarina propia del «habla maternal» es fantástica para los bebés, pero el lenguaje infantil sin embargo no lo es; me refiero a los «gugu-tata» y todas esas tonterías. Los bebés pueden desconocer ciertas cosas, pero no son tontos, y no les apetece escuchar esas tonterías más que a ti.

✔ A los bebés les encanta la repetición (y eso será así durante varios años). Puedes decir lo mismo varias veces y así le resultará más fácil aprenderlo. De hecho, no te acusará de machacón ni de pesado aunque repitas lo mismo una docena de veces. Le encantará. Por eso, muchas canciones y cuentos infantiles son repetitivos.

✔ ¿Por qué no le cantas? Puedes cantar canciones infantiles (deberás aprenderlas antes o después) o tus canciones preferidas. Al bebé le gustarán sobre todo las que se acompañen con gestos y movimientos. Cantes lo que cantes, si quieres interactuar con el bebé, cántaselo a él, no para ti mismo mientras haces los quehaceres.

✔ A los bebés les gustan las rimas que pueden llegar a reconocer. Cosas como «bota, bota la pelota» o «Una hormiguita que subía que subía por tu barriguita» (deslizando los dedos por la barriga del bebé a modo de hormiga) le estimulan a distintos niveles: el bebé aprende a reconocer las palabras, a disfrutar de las sensaciones físicas y a anticiparse a las acciones.

✔ Un buen momento para hablarle y realizar juegos interactivos es durante el cambio de pañal. Puedes usar desde rituales como «¡Uf, oh! ¿Qué hay en el pañal?» o «¡Popó, popó!», mientras le abrochas los corchetes de la ropa, hasta juegos más complejos. Si lo haces es muy posible que a tu bebé le encante el ritual del cambio de pañal, y que disfrute realmente de la atención personal que recibe.

✔ Si no sabes qué decir al bebé, siempre puedes recurrir a hacer algún comentario sobre lo que estás haciendo. Si consigues atraer su atención le encantará oírte describir cómo tiendes los calcetines para que se sequen, o cómo abres el correo de la mañana. No volverás a tener jamás un público tan agradecido de modo que no dejes pasar la ocasión.

✔ Es posible que pienses que no sirve para nada. Durante las primeras semanas de vida ni siquiera sonreirá. Pero si está pendiente de lo que haces y trata de responder estableciendo contacto visual es que estás haciéndolo bien.

✔ No te preocupes si tan sólo consigues mantener este tipo de conversación durante unos minutos cada vez. Si pasas varias horas al día a solas con el bebé no puedes estar constantemente hablándole; limítate a hacerlo siempre que puedas, cuando el bebé esté despierto y activo.

La estimulación de los otros sentidos

Los bebés son objetos bastante delicados, y no debes tratarlo de forma violenta. Sin embargo, existen muchas formas de estimularle físicamente sin hacerle daño. He aquí algunas de ellas:

✔ La vista del bebé dista mucho de ser tan buena como la tuya, pero puede distinguir formas, y su visión es mejor de cerca que de lejos. Puedes llevar al bebé por la casa y por el jardín, y mostrarle cosas; no olvides que aprecia mejor las formas bien definidas y los contrastes, especialmente si están a más de 45 cm de él.

✔ Puedes cantarle, o ponerle música, o cantar al compás de un juguete musical.

✔ Hasta que no tenga algunos meses no será capaz de sujetar un juguete y de jugar con él solito. Hasta entonces puedes estimular el sentido del tacto del pequeño acariciando su mejilla con una manta de lana o una pluma limpia, o con algo ligeramente más frío o más caliente que la temperatura ambiente. Mientras lo haces dile al bebé de qué objeto se trata.

✔ A los bebés les encanta el movimiento, y éste contribuye a desarrollar su sentido del equilibrio. En poco tiempo podrás empezar a jugar con el bebé a juegos de movimientos suaves, como tirarle hacia arriba (con mucho cuidado y volviéndolo a coger), pero debes esperar a que su cuello sea suficientemente fuerte. Mientras tanto, a los bebés les encanta que les den vueltas, algo que ayuda a desarrollar especialmente su sentido del equilibrio. Si tienes una silla giratoria, puedes sentarte en ella sujetando bien al bebé y hacerla girar suavemente.

Son simplemente algunas ideas para empezar. En cuanto te acostumbres a jugar con él se te ocurrirán un montón de ideas más. Prácticamente cualquier cosa sirve si estimula y entretiene al bebé; siempre, por supuesto, que no olvides el aspecto clave: no hacerle daño.

Unas palabras acerca de los juguetes

Un recién nacido no puede sacar demasiado provecho de los juguetes. Los ositos de peluche y los sonajeros que le han regalado le gustarán más adelante, pero lo normal es que por ahora no les preste atención. El único juguete que realmente le interesa a esta edad eres tú. Puedes andar y hablar y responderle y, en unas semanas, también él te responderá a ti.

Si no puedes permitirte comprar un montón de fantásticos juguetes, no importa. Tus abuelos y tus otros antepasados crecieron sin ellos. Los bebés se parecen un poco a los gatitos: pueden ser felices durante horas con tan sólo un ovillo de lana. (La única diferencia es que nunca debes dar a un bebé un ovillo de lana. Sí, tienes razón, es una diferencia importante.) La cuestión es que los juguetes son tan sólo un instrumento más para que el niño descubra el mundo que le rodea. Un bebé de cuatro meses será igual de feliz jugando con una cuchara de madera del cajón de la cocina, o con tu cepillo del pelo, que con un juguete infantil. De modo que no hay por qué pensar que los juguetes son indispensables para el bebé; son sencillamente un complemento opcional.

18. La introducción de los alimentos sólidos

El pobre bebé no puede vivir siempre sólo de leche. Antes o después necesitará algo con más sustancia para poder crecer fuerte y sano. Además, sería cruel privar a alguien de por vida del placer de disfrutar de un buen asado bañado con un buen vino tinto, o de merendar unas deliciosas fresas con nata una tarde soleada. Tardará un poco en poder disfrutar de esa clase de alimentos, pero al menos puedes iniciarle.

> **Objetivo principal: conseguir que el bebé tome la comida**
> **Aspecto clave: evitar que se atragante**

Lo normal es empezar a introducir los alimentos sólidos entre los cuatro y los seis meses de edad. Puedes hacerlo de forma muy gradual, es decir, dedicar varias semanas a conseguir que acabe tomando tres comidas sólidas al día; pero hay bebés que prefieren que el proceso sea más rápido (no te preocupes, si tu bebé pertenece a ese grupo lo sabrás). En cualquier caso, lo normal es que las primeras veces que el bebé coma alimentos sólidos acabemos con los nervios crispados. Recuerda simplemente que a los demás padres les pasa lo mismo; antes de lo que crees será todo un experto en conseguir que tu pequeño se zampe la comida.

Falso mito
Los alimentos sólidos deben empezar a introducirse a los cuatro meses

Muchos niños empiezan a tomar alimentos sólidos a esa edad, pero otros muchos no empiezan hasta más tarde. Lo aconsejable es no empezar antes de los cuatro meses ni después de los seis. Cualquier momento entre los cuatro y los seis meses resulta indicado; déjate guiar por las preferencias de tu pequeño. Si tu hijo es prematuro, o muy grande y comilón, estas directrices pueden no resultar apropiadas para él. Puedes preguntar a tu pediatra por el caso específico de tu bebé.

¿Cuándo está preparado el bebé para tomar alimentos sólidos?

Unos bebés están preparados antes que otros, y sabrás cuándo está preparado el tuyo gracias a varios indicios muy reveladores y útiles:

✔ Si el bebé observa cómo comes, siguiendo con la mirada el trayecto que realiza el tenedor desde el plato hasta tu boca, es que el tema le interesa y probablemente esté dispuesto a averiguar más por sí mismo.

✔ Alrededor de los cuatro meses el bebé puede parecer más hambriento que de costumbre. Es una pista de que está listo para probar los alimentos sólidos.

✔ Asimismo puede reclamar tomas de leche más frecuentes.

✔ Cuando el tiempo que el bebé pasa dormido entre tomas por la noche empieza a disminuir, de modo que se despierta con más frecuencia para comer por la noche, está claro que la leche sola ya no le proporciona el alimento que solía proporcionarle, y que un complemento sólido le dejará más satisfecho.

¿Qué alimentos debes darle?

Debes empezar dándole los alimentos más básicos y luego ir introduciendo el resto poco a poco. Existen muchos libros en los que aparece lo que puedes darle al bebé a cada edad, de modo que yo me concentraré en lo que puedes darle durante las primeras semanas. Después dejarás de ser un principiante.

Lo más importante —el aspecto clave— es impedir que el bebé se atragante. El propio bebé es capaz de comer y tragar por instinto; tu tarea consiste en comprobar que la comida está suficientemente triturada y blanda, y que no tiene grumos.

He aquí algunos de los alimentos que puedes darle desde el principio:

✔ Puré de verduras (e.g. patata, zanahoria, calabacín, boniato, guisantes).

✔ Papilla de frutas (e.g. manzana, pera, plátano).

✔ Cereales para bebés (que encontrarás en la sección de alimentos infantiles de los supermercados).

Hay algunos alimentos que no debes darle durante los primeros meses, algunos porque al bebé le costaría digerirlos y otros porque puede provocarle alguna alergia. Los principales alimentos o grupos alimenticios que debes evitar son:

✘ Alimentos con gluten (incluido el pan).
✘ Productos lácteos (incluida la leche de vaca).
✘ Huevos.
✘ Frutos cítricos (suelen introducirse alrededor de los siete meses).
✘ Frutos secos.
✘ Alimentos grasos.
✘ Alimentos muy picantes, como las guindillas.

Además de las directrices anteriores, incluimos algunos puntos más que podrían serte de ayuda:

✔ Si introduces los alimentos de uno en uno sabrás fácilmente si a tu bebé hay algo que no le gusta o que le sienta mal.
✔ El hecho de que el bebé rechace una vez un alimento no significa necesariamente que debas eliminarlo para siempre de la lista. Quizás ese día estaba lleno, o tenía gases, o simplemente estaba de mal humor. Deja pasar unos días y vuelve a dárselo para ver hasta qué punto le gusta o no.
✔ No pongas ni sal ni azúcar en la comida del bebé, y evita los alimentos precocinados que contengan sal o azúcar.
✳ Los plátanos y los aguacates pueden comerse desde el principio y tienen una ventaja: vienen protegidos por una capa de piel externa. Además, la carne de ambos es blanda,

de modo que puedes coger un trozo con una cucharita directamente del fruto y dárselo al bebé. Resultan especialmente prácticos para salir por ahí porque, como en el caso de los potitos, no deberás preocuparte de esterilizar platos y todo lo demás. A diferencia de los potitos, no obstante, se trata de alimentos completamente frescos y naturales.

✔ Los bebés son humanos y como tales les gusta la variedad. Varía constantemente el tipo de alimentos que le das. Debes evitar las especias picantes, pero puedes intentar que los platos resulten más atractivos añadiéndoles una pequeña cantidad de especias suaves que les aporten sabor. Así, puedes añadir un poco de canela a la compota de manzana, o de jengibre molido al puré de patatas.

✔ Puedes hacer grandes cantidades de papilla de fruta o verduras y luego congelarla en pequeñas cantidades.

✔ Si tu bebé tiene hambre con frecuencia puedes añadir cereales infantiles a la papilla de fruta o verdura, para que le llene más.

¿A qué hora del día debes darle la primera comida?

Puedes darle los alimentos sólidos a cualquier hora del día; al bebé no le hará ningún daño. Sin embargo, quizá quieras tener en cuenta los factores siguientes:

✔ A esta edad, y desde un punto de vista nutricional, la leche es el alimento más importante para el bebé, de modo que es mejor no ofrecerle alimentos sólidos antes de que se tome la leche; de lo contrario podría no tener hambre para ésta última. Por regla general es preferible dárselos después de que se haya tomado la leche o entre comidas.

✔ Los alimentos sólidos ayudan al bebé a conciliar el sueño, por lo que puedes empezar a dárselos para cenar, a ver si todo el mundo duerme mejor.

✔ Por otra parte —en especial si el niño ya duerme bien de todos modos— es preferible introducirlos al mediodía, para que las posibles molestias estomacales derivadas de la ingesta de alimentos sólidos no alteren el descanso de la familia.

✔ Si estableces una rutina favorecerás los hábitos del sueño y alimenticios del bebé. Además, en cuanto coja el hábito de comer a una hora determinada, al acercarse dicha hora empezará a sentir hambre. Si de vez en cuando modificas la hora de la comida a causa de fuerzas mayores al bebé no le pasará nada, pero cuanto más fiel seas a la rutina, más fácil será para todos. Eso sigue siendo aplicable cuando el niño realice tres comidas al día.

El proceso

1 **Esteriliza la cuchara, y el plato si vas a usarlo.** Si le das de comer directamente de un potito esterilizado, o directamente de un plátano por ejemplo, no te hará falta usar un plato, pero debes esterilizar previamente cualquier utensilio que uses.

2 **Coloca al bebé en una postura cómoda.** No puedes darle de comer tumbado, pero posiblemente sea demasiado pequeño como para sentarse sin ayuda. En ese

caso puedes usar una hamaquita, si tienes, o la silla del coche (no hace falta que te montes en el coche), o puedes sentarlo sobre el regazo de otra persona. También puedes colocarlo sobre tu regazo, pero posiblemente echarás de menos no disponer de ambas manos. Mejor deja pasar unos días antes de probar esta opción.

3 **Pon un babero al bebé.** Créeme, lo necesitarás. Si no tienes baberos usa un trapo, pero no se lo anudes al cuello.

4 **Prepara la comida.** Si vas a darle un potito tan sólo tendrás que destaparlo; si vas a darle una papilla deberás triturar las frutas o las verduras y ponerlas en un plato esterilizado.

5 **Dale una cucharadita al bebé para que lo pruebe.** El bebé no es tonto. Va a querer probarlo antes de abrir bien la boca para zampárselo de un bocado. De modo que coge un poco con el borde de la cucharita, ofréceselo y dale tiempo para pensárselo. Lo más probable es que abra la boca para que le des más.

6 **Dale cucharadas pequeñas.** Si quiere más dale más. Ofrécele cucharadas pequeñas y dale el tiempo necesario para tragárselas. No le des más hasta que no tenga la boca vacía. En contra de lo que puedas pensar, el bebé no se atragantará; las papillas tienen tanto de sólido como de líquido, y los bebés pueden tragárselas sin problema.

7 **Sigue dándole durante un rato.** Si el bebé abre la boca para que le des otra cucharada está claro que quiere más. ¿Lo ves?, no es tan difícil darle de comer.

8 **Cuando el bebé no quiera más, para.** Mientras se quede satisfecho no importa lo poco (o mucho) que coma. Si es un bebé muy comilón es posible que quiera más de lo que

creías que iba a comer; ningún problema. Uno de mis hijos, la primera vez que le ofrecí alimentos sólidos empezó a pedirme más y más, y pasó directamente a hacer tres comidas copiosas al día. Mi siguiente hijo comió sólo un modesto plato al día durante las tres primeras semanas. Así pues, no hay una pauta correcta o incorrecta. Si a un bebé le das más de lo que necesita, no obstante, es muy probable que acabe con gases y malestar.

9 **Limpia al bebé.** Cuanto más mayor y experimentado sea el bebé, más se ensuciará. No sé por qué es así —parece que a medida que gana experiencia debería volverse más limpio— pero creo que se debe a que el bebé no tiene las mismas prioridades que tú. Es una característica que se prolonga aproximadamente hasta los 18 meses.

10 **Limpia el resto.** Sácale el babero, lava y esteriliza todos los utensilios, y date una palmadita en la espalda. Tu bebé ya toma alimentos sólidos.

Después de la primera comida con alimentos sólidos

Después de comer alimentos sólidos por primera vez pueden producirse una o dos cosas anormales. Vale la pena saber cuáles son para no preocuparse:

✔ Durante las horas siguientes el bebé puede tener gases o tirarse ventosidades. Es la primera vez que el aparato digestivo puede practicar con comida de verdad, y le llevará algún tiempo dominar el proceso.

✔ Es posible que el bebé duerma durante mucho más rato que de costumbre después de dicha comida. No tienes por qué angustiarte ni por qué comprobar cada cinco minutos si sigue respirando (aunque si eso hace que te sientas mejor, hazlo). Es bastante habitual.

✔ Cuando el bebé empieza a ingerir alimentos sólidos sus heces suelen volverse más sólidas; además pueden cambiar de color de acuerdo con los alimentos ingeridos.

Problemas relacionados con la comida

Si el bebé se niega a ingerir la comida, no te preocupes. Si crees que el problema es sencillamente que no le gusta el sabor, intenta darle otra cosa. Si consideras que lo que no le apetece es la comida sólida en general, deja pasar algunos días y luego vuelve a probarlo. Antes o después comerá; cuando esté preparado. Es algo instintivo, por lo que acabará haciéndolo. Si te preocupa que el bebé no coma, especialmente si tiene alrededor de seis meses, consulta a tu pediatra.

El bebé no tendrá siempre el mismo apetito. A veces comerá como un poseso y luego durante algunos días parecerá que apenas come nada. Es algo bastante normal. La mejor manera de saber si el bebé ha comido lo suficiente no es analizando la cantidad que ha comido, sino considerando su nivel de energía y su estado general de salud. Si tu bebé está activo, feliz y sano, no te preocupes. Si hay algo que te inquiete o piensas que tu bebé está menos activo que de costumbre, no dudes en hablar con tu pediatra.

A veces los bebés atraviesan fases en las que protestan y se quejan mientras comen. Con frecuencia no son más que una simple fase que no tienes más remedio que aguantar; es algo perfectamente normal, pero si te preocupa, pide consejo a un especialista. Entre las causas más frecuentes están:

✔ El bebé quiere que le des de comer más rápido de lo que puedes. Las quejas suelen desaparecer hacia la mitad de la comida, cuando ya ha saciado en parte su hambre inicial. El bebé está acostumbrado a la leche, que fluye de forma constante, y es posible que no le gusten las pausas entre cucharada y cucharada. Debes escoger entre tratar de darle de comer más rápido o seguir dándole de comer más despacio aunque se queje; no existe una fórmula ideal.

✔ El bebé quiere comer solo. Algo imposible a esta edad; puedes darle una cuchara para que la sujete él (esterilizada, por supuesto) y quizá así se tranquilice.

✔ No le gusta la comida que le das. Por mucho que la semana pasada le gustara el puré de zanahoria, esta semana no tiene por qué gustarle. (Me gustaría ver qué haces tú.) Para ver si ese es el problema prueba a darle otra cosa.

✔ El bebé quiere que le dé de comer otra persona. Sí, algunos bebés sólo están contentos si les da de comer papá, o mamá, especialmente cuando el que considere su esclavo preferido se encuentre en la habitación. Sólo tú puedes decidir si vas a ceder o no a sus caprichos.

19. La dentición

Al nacer los bebés no tienen dientes, pero luego sí los tienen. Así pues, a los bebés tienen que salirle los dientes. Es un proceso natural que consiste en que los dientes se abren paso a través de las encías, de uno en uno, y que ocurre más o menos en algún momento de su primer año de vida. A causa de algún error de fábrica —es la única explicación que se me ocurre— dicho proceso es doloroso para el bebé, y puedes estar seguro de que te lo hará saber.

> Objetivo principal: **mitigar el dolor del bebé**
> Aspecto clave: **ídem**

Por desgracia, no hay mucho que puedas hacer para aliviar el dolor de la dentición. Debes aceptar que al bebé le van a doler las encías y que tú no podrás impedirlo. Consuélate pensando que el bebé debe aprender a soportar el dolor y que la dentición, que resulta desagradable para un niño pequeño que todavía tolera mal el dolor, en realidad no es peligrosa ni grave. No pretendo ser cruel —no es agradable ver sufrir a tu propio hijo— pero te ayudará a no sacar las cosas de quicio y a reaccionar de forma adecuada, en vez de preocuparte sobremanera.

Falso mito

Durante la dentición los niños suelen tener diarrea,
vómitos o dermatitis del pañal.

*Muchos pediatras te dirán que eso son tonterías, mientras que
la misma proporción de padres y abuelos insistirán en que es verdad. Lo cierto es que nadie está seguro del todo y que dichos síntomas a veces pueden asociarse a la dentición. Lo realmente
importante, sin embargo, es no dar por sentado que la causa son
los dientes ni ignorar unos síntomas que pueden tener su origen
en otra causa. Si el bebé sufre vómitos o diarreas persistentes, o
si sufre un caso grave de dermatitis del pañal, está claro que precisa atención médica, independientemente de si le están saliendo los dientes o no.*

¿Cuándo surgen los problemas relacionados con la dentición?

Los dientes pueden empezar a salirle a distintas edades, todas
ellas perfectamente normales. El primer diente puede apare-
cer antes de que el niño nazca, aunque no es lo habitual (y
además no resulta nada apropiado si piensas amamantarle).
Lo normal es que el primer diente aparezca entre los 3 y los
12 meses, y lo más habitual es que lo haga entre el quinto y el
sexto mes.

Normalmente los dos que aparecen primero son los centrales inferiores (uno, un poco antes que el otro), y luego los

dos centrales superiores. Después van saliendo el resto, desde el centro hacia los extremos de la boca. Existen un total de veinte dientes de leche (o primeros dientes), y el bebé suele tenerlos todos entre los dos años y medio y los tres años.

Por si te sirve de consuelo te diré que el dolor parece ir disminuyendo a medida que le salen los dientes, o quizá sea que el bebé empieza a tolerar mejor el dolor. En cualquier caso no tendrás que preocuparte de la dentición veinte veces a lo largo de dos años. En cuanto le hayan salido los primeros dientes lo más probable es que el bebé no vuelva a tener molestias a causa de la dentición.

¿Cómo lo sabrás?

El bebé puede padecer los efectos de la dentición durante varias semanas antes de que la causa finalmente empiece a abrirse camino a través de la encía. Así pues, el hecho de que el bebé no tenga ningún diente asomando no significa que no esté en pleno proceso de dentición.

No siempre es fácil identificar el hecho de que al bebé le están saliendo los dientes, ni siquiera para los padres con experiencia, de modo que es perfectamente comprensible que tú no estés seguro de si es el caso o no. Por regla general cuanto más le duela, más fácil te resultará identificarlo. Los síntomas típicos de la dentición son:

✔ Las babas.
✔ Una mejilla muy roja, la del lado por donde le está saliendo el diente, o incluso ambas mejillas. (El hecho de tener

una mejilla normal y otra muy roja es uno de los síntomas más claros de la dentición.)

✔ Malhumor y malestar general.

✔ Sueño intranquilo y con interrupciones.

✔ Zona de la encía roja e inflamada.

✔ Deseo de morder cosas, siempre que el bebé sea lo suficientemente mayor como para que resulte evidente. Si no tiene otra cosa a mano, se meterá los dedos o el puño en la boca.

El bebé no tiene por qué mostrar todos los síntomas (en ese caso sería muy fácil adivinarlo). No obstante, si coinciden varios de ellos y no hay otra causa clara, puedes aplicarle el tratamiento que suele darse para la dentición y ver si con eso mejora. Si mejora, sigue con ello.

De lo contrario no te preocupes; si el malestar del bebé es lo suficientemente importante como para ello, busca otra posible causa.

¿Qué puedes hacer al respecto?

Como es natural, lo que tú quieres es aliviar el dolor del bebé dentro de lo posible. Las posibilidades son limitadas pero puedes probar lo siguiente:

✔ Si el bebé es lo suficientemente mayor, dale algo para morder. Puede ser desde un mordedor (un juguete en forma de aro diseñado para que el bebé lo muerda) hasta un trozo de zanahoria cruda —a partir de los seis meses.

También puedes guardar algo —un mordedor o algo de comer— en la nevera, ya que el frío suele aliviar.

✔ Gel para la dentición. Sus efectos suelen durar como mucho media hora y la mayoría de ellos sólo pueden aplicarse como mucho cada tres o cuatro horas (mira en el envase). Los hay que pueden aplicarse con más frecuencia, aunque tampoco deben usarse en exceso. Comprueba también la edad mínima para poder aplicarlo; algunos sólo pueden usarse a partir de los cuatro meses. En realidad se trata de un gel anestésico local muy suave.

✔ Si el bebé está muy inquieto y duerme mal a causa de la dentición, puedes darle un poco de paracetamol o ibuprofeno infantil.

20. Viajar con el bebé

Salir de compras con el bebé es una cosa. ¿Pero qué me dices de una escapada de fin de semana? ¿O de irte de vacaciones? ¿Qué pasará si olvidas algo indispensable, cómo lo solucionarás? En realidad, viajar con un bebé es en cierto modo más fácil que viajar con un niño un poco mayor. Las primeras veces puede parecer muy complicado, pero enseguida le pillarás el truco.

> **Objetivo principal:** pasar la noche fuera de casa con el bebé
> **Aspecto clave:** volver con el bebé sano y salvo

Lo que realmente te preocupa es olvidarte algo indispensable. Recuerda simplemente que la mayoría de cosas que consideras indispensables son inauditas en muchos países no occidentales, y se han inventado hace relativamente poco. Lo que tú piensas que necesita un bebé, y lo que realmente necesita, son cosas muy distintas. Así pues, llévate todo lo que quieras, pero no te preocupes si olvidas algo.

Roni Jay

Falso mito
Si viajas con un bebé tienes que llevarte
un montón de utensilios y artilugios

Seguramente deberás llevar un poco más de equipaje del que solías llevar, pero es posible viajar con un bebé y llevar un equipaje relativamente ligero. Depende de ti en gran medida: ¿cuando viajas eres de los que se llevan todo el armario o de los que cogen sólo una muda interior y el cepillo de dientes? Si eres del tipo minimalista, puedes aplicar esa misma fórmula —un poco más moderada—a la hora de viajar con el bebé.

¿Qué necesitas?

Es la pregunta del millón: ¿qué debes coger y qué no? Es como preguntar cuánto mide una cuerda. Puedes prescindir de casi todo (menos del bebé; es mejor que lo lleves contigo), aunque ello suponga algo de trabajo adicional. O puedes llevarte todo aquello que puedas necesitar y conseguir que tu vida sea más fácil —necesitarás un coche en el que consigas meter todo ese equipaje, o un permiso para subir más de lo permitido al avión.

Aquí encontrarás un resumen de las principales cosas que deberías llevarte en el caso de tener un bebé.

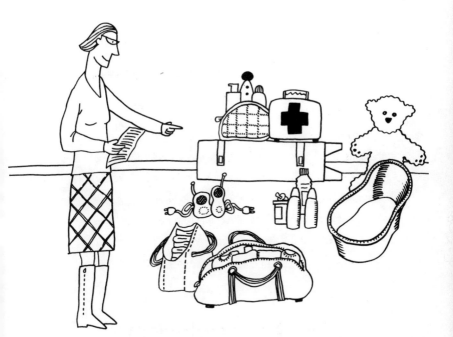

Cosas para dormir

Puedes llevarte	Puedes conformarte con
Un moisés, una cuna portátil o algo parecido.	Un bebé que no sabe darse la vuelta solo puede dormir en cualquier sitio, desde en una caja de cartón hasta en el cajón de una cómoda.
Sábanas.	Si te olvidas las sábanas puedes usar una toalla o un jersey tuyo. O puedes ponerle más capas de ropa al bebé

	(siempre que te hayas acordado de cogerlas).
Pijama.	Nunca he entendido por qué los bebés deben llevar una ropa por la noche y otra durante el día. Durante las primeras semanas de vida ni siquiera distinguen entre el día y la noche.
Aparato para controlar el bebé a distancia.	Si te olvidas el aparato bastará con que estés siempre lo suficientemente cerca como para oírlo.

Cosas para el cambio de pañal

Puedes llevarte	Puedes conformarte con
Un cambiador.	No necesitas un cambiador. Pon una toalla debajo del bebé, o cámbiale en el suelo, sobre la cama o sobre una mesa aunque sea sin toalla.
Algodón o toallitas.	Es una faena encontrarse sin toallitas o algodón, pero puedes improvisar con un poco de papel higiénico o incluso con un paño. Si usaras el papel higiénico de forma habitual resultarían un poco áspero para el bebé, pero no

	le pasará nada porque lo uses una o dos veces mientras consigues algo mejor.
Pañales.	Lo admito, no tener pañales es un verdadero problema. Pero recuerda el aspecto clave: volver con el bebé sano y salvo. Ni siquiera la falta de pañales te impedirá conseguirlo. Coloca un trozo de tela alrededor del culito del bebé hasta que puedas encontrar pañales de recambio.

Cosas para darle el biberón

Si das de mamar al bebé, esta sección no te interesa. Pero si lo alimentas con biberón he aquí algunas indicaciones generales.

Puedes llevarte	Puedes conformarte con
Esterilizador.	El esterilizador es útil, pero abulta mucho. Basta con que lo hiervas todo durante 10 minutos y luego lo dejes enfriar en la misma olla.
Biberones, tetinas, etc.	Te aseguro que no tener biberones es un verdadero problema, pero a menos que

estés en el quinto pino, podrás comprarlos en cualquier farmacia que esté de guardia. Puedes apañártelas con tan sólo un biberón, aunque sea una lata tener que esterilizarlo cada vez.

Leche artificial.	Está bien, la leche de fórmula es indispensable. No la olvides; ponla al principio de la lista de «cosas que debes llevar».
Cuchara medidora.	La cuchara medidora suele ir dentro de la lata de leche artificial. Si no fuera así deberás calcular la cantidad a ojo durante una o dos tomas, hasta que consigas otra. No lo recomiendo, pero en caso de emergencia eso es mejor que nada. Recuerda, si pones demasiada leche en polvo el bebé podría tener molestias estomacales, mientras que si la leche queda demasiado diluida lo peor que puede pasar es que el bebé se quede con hambre, en cuyo caso, sin duda te lo hará saber. Así pues, es mejor quedarse corto que pasarse.
Agua esterilizada.	El agua esterilizada es importante, y debe tratarse de agua del grifo hervida. El agua embotellada puede contener cantidades excesivas de minerales y otras cosas

contraindicadas. No obstante, si estás en el extranjero y no tienes forma de hervir agua, es mejor que uses agua embotellada (sin gas, por supuesto) para una o dos tomas, hasta que consigas una olla, en vez de darle al bebé agua sin hervir.

Cosas para el baño

Puedes llevarte	Puedes conformarte con
Una bañera de bebés.	Puedes bañar al bebé en una pila, en una palangana o —aún mejor— en tu bañera contigo (es preferible que haya alguien más que pueda pasarte al bebé una vez estés dentro, y que te lo coja antes de que salgas). O incluso (no se lo digas a mi madre) puedes no bañarlo durante algunos días.
Gel y champú.	Teniendo en cuenta que puedes pasar sin bañarlo, está claro que el gel y el champú son un extra. Si has olvidado el gel y el champú es mejor que lo bañes sólo con agua en vez de usar productos para adultos, sobre todo cerca de sus ojos.

Una toalla de bebés.	Puedes usar una toalla cualquiera. O secar al bebé con una sábana que sobre. Si estás de vacaciones en algún país cálido, puedes incluso dejar que se seque solo.

Cosas para transportarlo

Puedes llevarte una mochila o una silla de paseo, o ambas cosas. Hay sillas que son más sencillas pero que dobladas ocupan menos, de modo que son más cómodas para viajar. Está claro que puedes transportarlo en brazos, de modo que incluso si te olvidas la mochila o la silla será un inconveniente, pero el bebé no correrá peligro.

La ropa del bebé

Las normas de conducta occidentales dicen que debemos cambiarnos de ropa prácticamente a diario. No obstante, el bebé no sufrirá ningún daño si lleva la misma ropa durante una semana, siempre que ésta no esté húmeda o muy sucia —en cuyo caso bastará con un lavado y secado rápidos para solucionar el problema. De hecho puede estar sin ropa siempre que lo envuelvas en una sábana o una toalla. No pretendo decir que vayas a irte de vacaciones con el bebé completamente desnudo sin darte cuenta («¿Querida, no crees que deberías ponerle algo al bebé antes de subir al avión?»). Tan sólo pretendo aclarar que si de repente empiezas a darle vueltas al hecho de que deberías haber cogido un par de mudas más, no vale la pena apurarse por ello.

Botiquín de primeros auxilios

En mi opinión, cuantas menos medicinas uses, mejor, especialmente cuando se trata de bebés o de niños pequeños. Sin embargo, hay veces en las que determinadas medicinas pueden ser de gran ayuda para aliviar el malestar. Si sueles salir con frecuencia es aconsejable tener siempre preparado un mini botiquín de primeros auxilios (con las medicinas que usas en casa). Así bastará con meter el botiquín en la maleta para tener todo lo que puedas necesitar a mano; tan sólo tendrás que comprobar la «fecha de caducidad» de vez en cuando. El botiquín para bebés debería incluir:

✔ Crema para la dermatitis del pañal
✔ Gel para los problemas de dentición
✔ Paracetamol infantil para fiebres suaves, dolor fuerte a causa de la dentición, etc.

Eso debería bastar a menos que tu bebé padezca alguna enfermedad específica.

Cosas para comer

Si el bebé ya toma alimentos sólidos, quizá quieras llevarte provisiones para él. También deberás decidir si te llevas o no un esterilizador (la alternativa es hervir todos los utensilios que debas esterilizar). He aquí algunas cosas a tener en cuenta:

✔ No es bueno comer por sistema potitos infantiles, pero no pasa nada por comerlos durante unos días. Escoge los que no lleven ni sal ni azúcar añadidos.

✔ Puedes comprar un estuche de plástico para cubiertos (suelen venderlos con cubiertos infantiles incluidos) que pueda esterilizarse. Luego metes dentro las cucharas esterilizadas necesarias para todo el día, para tener las suficientes hasta que regreses al campo base.

✔ Los plátanos son perfectos para viajar. No tienes que esterilizarlos (me gustaría ver cómo lo haces), y puedes pelarlos y coger la carne directamente con la cuchara. Tan práctico como un potito pero más fresco y natural. Puedes hacer lo mismo con los aguacates.

Es aconsejable, siempre que no te parezca excesivamente metódico y organizado, que anotes todo lo que piensas llevarte para el bebé. Puedes guardar la lista para la próxima vez, y limitarte a añadir los nuevos artículos a medida que los necesites, tales como alimentos para el bebé o sus juguetes favoritos. Si tienes ordenador puedes actualizar la lista cada vez que salgas de viaje.

Apéndice

Utensilios básicos

Existen muchos utensilios que es posible que quieras para tu bebé, y toda clase de chismes pensados para hacerte la vida más fácil. Pero son muy pocas las cosas realmente esenciales (en el pasado la gente se las arreglaba con muy poco). De modo que voy a confeccionar dos listas. La primera incluye lo imprescindible y la segunda otras cosas sin las que el bebé puede sobrevivir sin problemas pero que la mayoría de padres deciden comprar. No voy a hacer ninguna lista con las miles de cosas que son completamente opcionales (como los calientabiberones, los monitores que controlan el ritmo cardíaco del bebé, o esos chismes que llevan juguetitos colgados y se fijan a la silla del coche).

Para hacer sitio para todos los nuevos chismes que inundarán tu casa puedes deshacerte de algunas cosas que ya no vas a necesitar, como el despertador, totalmente inútil, y todos los objetos pequeños o frágiles que se encuentren a menos de un metro del suelo.

Cosas esenciales

✔ Pañales, y cualquier chisme que venga con los pañales escogidos, como los imperdibles en el caso de los pañales de felpa.
✔ Algo para lavar al bebé cuando le cambies el pañal —algodón, toallitas o algo igual de suave.

✔ Algo donde bañar al bebé. Puede ser un barreño o una pila, o una bañera infantil. Puedes usar la bañera normal, pero a menos que te metas dentro con el bebé, al principio te parecerá muy grande y resbaladiza.

✔ Algún tipo de jabón, preferiblemente uno específico para bebés o alguno que no lleve sustancias químicas, perfumes ni colorantes, ya que de lo contrario podría irritar la piel del bebé.

✔ Una toalla. De hecho es mejor usar dos. No tienen por qué ser toallas específicas de bebés.

✔ Algo para que duerma. Las opciones más habituales suelen ser una cuna, una cuna de viaje o un moisés, aunque los bebés pueden dormir igual de felices en un viejo cajón (abierto, por supuesto) o en algo parecido.

✔ Un colchón. Mi consejo es que no uses un colchón de segunda mano ya que podría aumentar el riesgo de que el bebé sufriera una muerte súbita.

✔ Ropa de cama. No uses almohadas ni edredones hasta que el bebé tenga 12 meses ya que podría asfixiarse. Utiliza sábanas y varias mantas ligeras, en vez de una gruesa.

✔ Una silla de coche de un tipo u otro si el bebé tiene que viajar en coche. Es ilegal llevar al bebé en brazos en la parte delantera del coche, y detrás es legal sólo si el coche no tiene cinturón de seguridad. Incluso en este último caso resulta extremadamente peligroso, por lo que te recomiendo fervientemente que no lo hagas. Si no tienes silla de coche, ir del hospital a casa puede resultar bastante complicado, a menos que vivas cerca y puedas ir andando. Escoger una silla de coche resulta difícil, pero cualquier buen vendedor puede asesorarte. Lo más importante a tener en cuenta es que en un momento u otro tendrás que comprar otra, ya que no existe ninguna silla que sirva desde el nacimiento del bebé hasta que es lo suficientemente mayor como para viajar como un adulto.

✔ Si vas a alimentar al bebé con leche artificial necesitarás biberones con tetina y tapa, y utensilios para esterilizar (puede ser una olla grande con agua hirviendo simplemente).

✔ Si le alimentas con biberón necesitarás también leche de fórmula (leche infantil en polvo) y algún modo de conseguir agua hirviendo.

✔ Ropa. Es mucho más fácil controlar la temperatura del bebé si le vistes con varias capas de ropa fina que podrás retirar cuando haga falta. Asegúrate de que las prendas que están en contacto con la piel del pequeño son suaves. Los tejidos naturales son mejores. A los bebés no les preocupa demasiado la moda, pero les gusta estar cómodos (es posible que estén practicando para la vejez).

Cosas útiles pero no esenciales

✔ Un cambiador para cambiar el pañal al bebé.

✔ Una bolsa para guardar todo lo necesario para el cambio de pañal cuando no estés en casa. Sirve cualquier bolsa pero las hay muy bonitas, en forma de bolso o mochila, con muchos bolsillos y cremalleras.

✔ Algo para transportar al bebé. Puede ser una mochila, una silla de paseo o un cochecito de bebés. Existe una gran variedad de modelos entre los que elegir, entre ellos sillas de coche que se transforman en cuco o silla de paseo, sillas reclinables que pueden ponerse completamente horizontales para cuando el bebé duerme, cunas que se acoplan a unas ruedas y mucho más. Pide consejo a otros padres, y a los vendedores, y luego trata de adivinar lo que realmente quieres. Por regla general vale la pena tener una mochila portabebés y algún chisme con ruedas.

✔ Si vas a amamantar al bebé, seguramente uses sujetadores de lactancia (que se abren por delante) para facilitar las cosas.

✔ Paños limpios para limpiar cualquier cosa, desde leche hasta... bueno, cualquier cosa; reúne una buena cantidad de paños. Puedes comprar paños de muselina baratos en las tiendas para bebés, o simplemente hacer retales con alguna camiseta vieja o cualquier otra cosa absorbente.

Comentario final...

Cuando llegue el bebé debes intentar tomarte las cosas con calma. Las primeras semanas pueden ser bastante duras en muchos aspectos, pero debes tratar de disfrutarlas al máximo. Sacar un bebé adelante no es tan difícil; incluso animales poco listos como las ovejas y las gallinas lo consiguen (y sin volverse más tontas), de modo que está claro que tú puedes hacerlo.

Concéntrate sólo en los aspectos fundamentales y olvídate de los detalles. Si el bebé no llora quiere decir que está bien. Eso debería bastar. Si llora lo más posible es que tan sólo necesite más leche o echarse una siestecita, o que le pongas una manta para estar más calentito. En realidad es muy sencillo. Añade el cambio de pañal, bañarle de vez en cuando y eso es todo.

Un bebé bien alimentado, seco y calentito se beneficiará y disfrutará mucho más de estar con unos padres felices que de llevar ropa limpia y recién planchada todos los días o de tener el carrito de bebés más moderno y molón. Así pues, no te dejes confundir por lo superficial ni por los consejos de los demás.

No pierdas el tiempo planchando la ropa del bebé, o recorriendo tiendas en busca del esterilizador más innovador, o dándole vueltas al número de paquetes de pañales que debes llevarte para el fin de semana.

Lo importante es que el niño esté sano y feliz, y que los padres tengan tiempo para disfrutar de él. Concentra tu energía en el bebé, en ti y en tu pareja, y olvídate de todo lo demás.

Buena suerte, y diviértete.

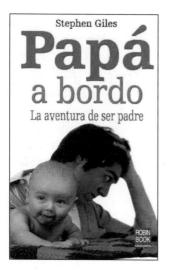

Papá a bordo
Stephen Giles

El nacimiento de un hijo os cambiará la vida. Claro que es fantástico, pero... todo es una novedad, y al principio no sabemos cómo enfrentarnos a la nueva situación. La vida aparece de repente repleta de cosas por aprender y retos por superar.

Gracias a Stephen Giles, al final del primer año seréis capaces de cambiar el pañal hasta dormidos (en caso, claro está, de que logréis dormir) y, más importante aún, dominaréis el arte de ser un buen padre.

Malsinet Editor

Querido bebé
Noah benShea

Querido bebé... reúne los mejores deseos y consejos para el recién nacido. Palabras para susurrar a los hijos cuando aún son pequeños, recordárselas cuando crezcan y repetírselas de nuevo cuando ya sean mayores.

Desde los primeros instantes de vida, desde el momento del parto, los recién nacidos establecen un vínculo emocional con la realidad a través de sus padres. Los buenos deseos y augurios que este libro ofrece pueden proteger a nuestros hijos en los momentos críticos de la vida y llevarles con paso firme por los caminos de la luz.

Para ti, futura mamá

Ser madre es una de las experiencias más bellas y singulares en la vida de toda mujer. Además, ese especial acontecimiento es compartido por los familiares y amigos con tanto entusiasmo y alegría como la de los propios padres. Cuando se anuncia el embarazo o cuando el bebé está a punto de llegar o justo acaba de nacer, todos los consejos y buenos deseos para la madre son pocos…, pero siempre útiles y entrañables. Este libro reúne un selecto ramillete de ellos.

Mi primer año

Conserva los recuerdos del primer año de tu hijo en este bonito álbum de fotografías. Cada página está dedicada a los momentos y hechos más especiales, e incluye un espacio en blanco para que puedas escribir tus pensamientos, sentimientos y recuerdos que te acompañen durante este año tan emocionante. Con casi 40 ventanas para poner las fotografías y páginas donde escribir tus impresiones, este álbum se convertirá en un recuerdo entrañable que guardarás como un tesoro.

A cantar y a dormir (incluye CD)
Toni Giménez (ilustrado por Subi)

Una selección de nanas de diferentes tradiciones y culturas. La música es un lenguaje universal y las nanas crean un momento especial, de contacto directo con el bebé, invocando la tranquilidad, la confianza y el amor, facilitando así el sueño de los más pequeños.

Frank, la rana que quería volar
Eric Drachman (ilustrado por James Muscarello)

A Frank no le bastaba con hacer las típicas «cosas de ranas». Frank quería volar. Pero era una rana. Y las ranas no pueden volar. Volar es, al fin y al cabo, «cosa de pájaros». Acompaña a Frank en sus saltos, carreras, brincos, caídas, picados y aleteos … hasta que encuentre, por fin, su sitio en el estanque. Un libro único para enseñar a los niños que la voluntad y el esfuerzo personal son las mejores armas para conquistar el futuro.

Poupard. Paul. *Diccionario de las Religiones,* Herder, 1987, Barcelona.

Ranke-Heinemann, Uta. *Eunucos por el reino de los cielos,* Trotta, 1998, Madrid.

Ranke-Heinemann, Uta. *No y amén. Invitación a la duda.* Trotta, 1998, Madrid.

Rubio, Sergio; Ambrogetti, Francesca. *El papa Francisco. Conversaciones con Jorge Bergoglio,* Ediciones B, 2011, Barcelona.

Rubio, Juan. *De Benedicto XVI al papa Francisco,* Ediciones RBA, 2013, Barcelona.

San Agustín, Arturo. *De Benedicto a Francisco,* Editorial Fragmentos, 2013.

Savater, Frenando. *Idea de Nietzsche,* 1995, Ariel, Barcelona.

Savater, Fernando. *De los dioses y del mundo,* F. Torres, 1975, Valencia.

Savater, Fernando. *Panfleto contra el Todo,* Dopesa, 1978, Barcelona.

Savater, Fernando. *Los diez mandamientos en el siglo XXI,* Mondadori, 2004, Barcelona.

Savater, Fernando. *La vida eterna,* Ariel, 2007, Madrid.

Savater, Fernando. *La aventura de pensar,* Debate, 2008, Madrid.

Smart, Ninian. *Las religiones del mundo,* Ediciones Akal, 2000, Madrid.

Tamayo, Juan José. *Conceptos fundamentales de cristianismo,* Trotta, 1993, Madrid.

Tamayo, Juan José. *Nuevo paradigma teológico,* Trotta, 2003, Madrid.

Tamayo, Juan José. *Diccionario teológico,* Trotta, 2005, Madrid.

Tamayo, Juan José. *Islam, cultura, religión y política,* Trotta, 2009, Madrid.

Tamayo, Juan José. *Otra teología es posible,* Herder, 2011, Barcelona.

Tamayo, Juan José. *Invitación a la utopía,* Trotta, 2012, Madrid.

Vidal, José Manuel; Bastante, Jesús. *Francisco el nuevo Juan XXIII,* Editorial Desclée de Brouwer, 2013, Pamplona.

VV.AA. *Historia de las religiones de la Europa Antigua,* Cátedra, 1994, Madrid.

VV.AA. *Diccionarios de las Religiones y Creencias,* Espasa Calpe S.A., 1997, Madrid.

VV.AA. *The Oxford dictionary of word religions,* Oxford University Press, 1997, G.B.

VV.AA. *Enciclopedia del Cristianismo,* De Agostini, 1997, Italia.

Wilber, Ken. *Ciencia y religión,* Editorial Kairós, 1998, Barcelona.

Yallop. David. *En nombre de Dios,* Planeta, 1984, Barcelona.

LA FELICIDAD DE FRANCISCO
Mario Bérgamo

Todos perseguimos la felicidad. Sin embargo, mucha gente se siente disconforme con algún aspecto de su vida que le impide ser feliz por completo... Se percibe en el aire una sensación de vacío existencial, de tristeza y frustración de tal magnitud que casi puede palparse. Muchos asisten a médicos, gurúes, consumen productos que no necesitan, antidepresivos, ansiolíticos o alcohol para evadirse. Esto nos lleva a una pregunta fundamental: ¿qué es lo que nos está sucediendo?, ¿qué nos impulsa a vivir de esa manera, sin un sentido claro…? La respuesta es sencilla: nos hace falta una guía, no un ídolo, sino un faro que nos indique claramente el camino más conveniente para seguir. Nos hace falta alguien con la suficiente sabiduría y bondad como para tomarnos de la mano y conducirnos hacia esa orilla de plenitud; alguien que nos haga abrir los ojos y nos muestre que el mundo está lleno de belleza y que se puede ser feliz, amar y ser amado.

Este libro, justamente, fue pensado como un medio para hacer llegar esas palabras de aliento y esperanza que tanto se necesitan en nuestra marcha de todos los días, y, sobre todo, en las situaciones más críticas de nuestras vidas.

De ahí que este libro ofrezca pensamientos y reflexiones de Francisco (Jorge Mario Bergoglio), actual figura emblemática para muchos creyentes y no creyentes, que muestran su sabiduría, su fe y su amor al prójimo.